Silke Vry • Martin Haake

VERBORGENE SCHÄTZE, VERSUNKENE WELTEN

Silke Vry • Martin Haake

VERBORGENE SCHÄTZE, VERSUNKENE WELTEN

Große Archäologen und ihre Entdeckungen

GERSTENBERG

SCHATZFUNDE UND ENTDECKUNGEN

Vorwort

»Nur wer die Vergangenheit kennt, hat eine Zukunft.«
Wilhelm von Humboldt

Wer würde das nicht gerne: mit einer Zeitmaschine in zurückliegende Jahrtausende reisen und rätselhafte Völker, geheimnisvolle Städte, sagenumwobene Gestalten – eine völlig unbekannte Welt entdecken?

Dieses Buch widmet sich Männern, die genau das machten: eine Reise in die Vergangenheit. Nicht etwa mithilfe komplizierter Technik. Sondern mithilfe jener einfachen Mittel, die Abenteurern, Archäologen und Schatzsuchern schon vor Jahrhunderten zur Verfügung standen: Hacke, Schaufel, Wagemut und – Glück.

Es geht um jene, die nicht an ihrem Schreibtisch sitzen blieben. Es geht um die, die loszogen, suchten, unter die Erd- und Wasseroberfläche blickten, Ideen entwickelten, getrieben waren, Geistesblitze hatten oder einfach zur rechten Zeit am rechten Ort waren. Um all die kühnen Pioniere, die neue Wege fanden und dabei Dinge entdeckten, die die Welt zum Staunen brachte. Die mit ihren Entdeckungen die Augen der Daheimgebliebenen öffneten und manchmal den Blick auf die Welt – oder einen Teil davon – für immer veränderten.

Was aber genau ist eine »Ent-Deckung«? Im Wort selbst liegt schon seine Bedeutung: etwas, das verdeckt, zugedeckt, den Blicken entzogen war. Nicht unbedingt den Blicken der ganzen Welt, manchmal nur jenen der westlichen.

»Archäologie« ist dem Wortsinn nach die Lehre der »Anfänge«, der »frühen Dinge«. In diesem Buch sind die Sternstunden dieser Wissenschaft versammelt. 21 Geschichten von wagemutigen Abenteurern, hemdsärmeligen Ausgräbern und

Pionieren der Archäologie. Sie alle wurden durch ihre Entdeckungen unsterblich: Heinrich Schliemann, der im sagenumwobenen Troja mehr sah als nur eine Legende. Giuseppe Fiorelli, der die Toten Pompejis zum Leben erweckte. John Lloyd Stephens und Frederick Catherwood, die im Dschungel auf die versunkenen Stätten der Maya stießen.

Natürlich hat es auch Frauen gegeben, die Archäologie betrieben, Wissenschaftlerinnen, die mit der Archäologie ihren Lebensunterhalt verdienten. Seit dem 19. Jahrhundert traten sie vermehrt in Erscheinung, allerdings anders als ihre männlichen Kollegen: bescheidener und eher der Sache dienend als dem Ruhm nachjagend. Fixe Ideen im Kopf wie Heinrich Schliemann? Den Traum eines Pharaonengrabes vor Augen wie Howard Carter? Überzeugt von sich und dem Wahnsinn einer Ozeanüberquerung wie Thor Heyerdahl? Das blieb die Ausnahme. Auch viele Archäologinnen leisteten teils Spektakuläres: Amelia Edwards (1831–1892) etwa machte es sich zur wichtigsten Aufgabe, altägyptische Denkmäler zu bewahren. Johanna Mestorf (1828–1909) erforschte die Geschichte der Moorleichen Schleswig-Holsteins, Contessa Ersilia Caetani-Lovelli (1840–1925) das Alltagsleben der antiken Römer. Harriet Hawes (1871–1945) grub auf Kreta, gab die Arbeit aber für ihre drei Kinder auf. Kathleen Kenyon (1906–1978) grub Jericho in sieben Kampagnen aus und erlangte damit höchste Anerkennung. Sie und viele andere arbeiteten erfolgreich als Ausgräberinnen, doch mit keinem ihrer Namen ist eine bahnbrechende, vollkommen neue archäologische Entdeckung, ist eine Geschichte verbunden, die sie oder ihre Entdeckung berühmt machte. Oft waren es gerade ihre männlichen Kollegen, die ihnen Steine in den Weg legten. Und so war und blieb auch auf dem Gebiet der Archäologie für Frauen vieles undenkbar. Undenkbar, dass Kaiser Wilhelm eine Frau in den Orient geschickt hätte, um sie mit einer Ausgrabung zu betrauen. Und welcher Ägypter hätte wohl auf Frau Belzonis Anweisungen gehört, hätte sie ohne ihren Mann versucht, den Memnonkoloss zu bewegen? Nur unter Androhung von Lohnentzug konnte Flinders Petrie seine ägyptischen Arbeiter dazu bringen, auf die Anweisungen Margret Murrays (1863–1963) zu hören.

Sicher ist unter den Entdeckern der eine oder andere, dem vielleicht zu Recht der Vorwurf gemacht werden darf, er habe aus Habgier gehandelt, aus purer Lust und

Laune nach etwas gesucht, das vor allem für ihn selbst von Vorteil wäre. Etwas Entscheidendes muss aber auch diesen Glücksrittern zugutegehalten werden: Sie haben GESUCHT. Oder doch wenigstens im entscheidenden Moment die Augen offen gehabt, um das zu erkennen, was anderen entgangen war.

Bis heute umgibt viele dieser Männer die Aura der Abenteurer, die auszogen, um eine völlig unbekannte Welt zu finden. Ihnen verdanken wir die hier vorliegenden 21 Geschichten – und manches Mal noch mehr als das. Ihre Entdeckungen veränderten unseren Blick nicht nur auf Vergangenes, sondern auch auf Gegenwart und Zukunft: Ans Tageslicht gebrachte Erinnerungen aus längst vergessenen Zeiten machten deutlich, was einst möglich war, was möglich ist und was möglich sein könnte. Die Entdeckungen all dieser Männer gingen um die Welt, erreichten Millionen und öffneten den staunenden Menschen den Blick auf verborgene Schätze und versunkene Welten.

Laokoon und seine Söhne –
ein Weinbauer entdeckt antike Skulpturen

Rom im Januar des Jahres 1506: Felice de Fredis steht auf einem der Hügel Roms, dem Esquilin, weit oberhalb der Stadt und lässt den Blick über seinen prächtigen Weinberg schweifen … Würde ein moderner Reisender neben ihm stehen, würde er staunen über das, was Felice gerade sieht: Alle sieben Hügel Roms sind mit Weinreben und Olivenbäumen bedeckt. Und auf dem Forum Romanum, dem einst stolzen Zentrum der antiken Metropole, weiden zahllose Kühe und Schafe. Das gesamte Tal ist von einer mehrere

Das Forum Romanum lag zu dieser Zeit noch unter Erdmassen begraben. Bis zu den ersten Grabungen im Jahr 1788 vergingen noch einmal 282 Jahre!

Meter dicken Erdschicht bedeckt, die Triumphbögen sowie die Säulen der Tempel und Basiliken ragen nur einige Handbreit aus dem Boden, und zwischen diesen traurigen Resten der Antike erledigen die Tiere ihr Geschäft und erfreuen sich am saftigen Gras ...

Das Kolosseum, das größte römische Amphitheater, erinnerte in seiner erhabenen Größe täglich jeden Römer an die versunkene, aber nicht verschwundene Antike.

Felice ahnt nicht, dass einst mächtige Cäsaren, Senatoren und Konsuln über das römische Forum spazierten, dass Triumphzüge auf Straßen und Plätzen die Überlegenheit des Imperiums zur Schau stellten oder dass mutige Gladiatoren im Kolosseum ihre Kämpfe auf Leben und Tod austrugen. Seit er denken kann, steht dieses alte Gemäuer ungenutzt und von Unkraut überwuchert in der Gegend herum; allein der Circus Maximus findet sinnvolle Verwendung als riesiger Gemüsegarten, was einen Mann wie ihn natürlich freut.

Nein, Felice de Fredis versteht von all diesen antiken Gemäuern nicht viel. Warum auch, schließlich ist er Weinbauer, und alte Steine interessieren ihn nur dann, wenn sie den Anbau seiner Weinreben stören und er sie mühsam aus dem Boden schlagen muss. Das passiert häufig, denn mitten in Rom auf alte Steine aller Art zu stoßen ist nicht ungewöhnlich: Da die Stadt seit ungefähr 1000 v. Chr. besiedelt ist und insbesondere in der Zeit der römischen Kaiser prachtvoll bebaut war, liegt hier einiges im Boden verborgen.

Ein Winzer hat immer zu tun, sogar im Winter. Heute muss Felice die Rebstöcke beschneiden, altes Holz entfernen und hier und da eine ganze Pflanze ausgraben. Als er dabei auf etwas Hartes stößt, flucht er: Sicher wieder einer dieser alten Steine, die seine Reben am Wachsen hindern. Er gräbt weiter und erkennt, dass unter ihm nicht nur ein Stein, sondern zunächst ein Gewölbe, nach einer Weile mühevollen Weitergrabens gar eine ganze unterirdische Kammer zum Vorschein kommt. Er ist starr vor Staunen. Nach einer Weile hat er das Erdreich schließlich so weit entfernt, dass er auf eine Öffnung stößt, durch die er sich voller Neugier hindurchzwängen kann. Felice betritt einen kleinen Raum und erkennt einen Fußboden aus wunderschönen Steinen, Wände, verziert mit farbiger Einlegearbeit, und ein Gewölbe aus sanften Bögen – ein Raum, wie er ihn nie zuvor gesehen hat. Er sieht sich weiter um und erstarrt. Dort hinten in der Ecke steht ein splitternackter Mann, links und rechts von ihm zwei weitere, sehr viel jüngere, und sie alle haben schmerzverzerrte, leidende Gesichter, denn sie sind von riesigen Schlangen umschlungen. Noch nie zuvor hat Felices Herz so laut geklopft wie in diesem Moment. Der Schreck lässt erst nach, als er erkennt, dass die Gestalten aus Stein gemacht sind. Er verlässt schleunigst den unterirdischen Raum, läuft eilends nach Hause und erzählt beim abendlichen Wein allen Bekannten von seinem außergewöhnlichen Fund.

Schon bald macht die Geschichte von den nackten Gestalten im Weinberg in ganz Rom die Runde. Als einer der Ersten wird der Papst über den Fund informiert; der wiederum gibt einem Diener den Befehl, Giuliano da Sangallo, den päpstlichen Architekten, zu holen. Bedeutende Statuen sollen in einem Weinberg in der Nähe gefunden worden sein, er solle hingehen und nachschauen!

Giuliano macht sich augenblicklich auf den Weg. Und sein Freund Michelangelo Buonarroti, der Bildhauer in Diensten des Papstes, der sich gerade bei ihm aufhält, geht mit. Gemeinsam steigen sie an der Stelle, die Felice ihnen zeigt, in die Tiefe, und in der Kammer angelangt,

ruft Giuliano auch schon erregt aus: »Das ist der *Laokoon*, den Plinius erwähnt!« Zu Michelangelos und Giulianos Zeit, also zur Zeit der Renaissance, ist die Naturgeschichte von Plinius dem Älteren eine Pflichtlektüre für jeden Gebildeten. Der antike Gelehrte berichtet in 37 Büchern über das gesamte naturgeschichtliche Wissen seiner Zeit, beschreibt darin beispielsweise, wie man aus Mineralien und Pflanzen Farben gewinnen kann, erläutert die Technik der Bronzeplastik, schreibt über Bildhauerei, über Kunst allgemein und über vieles andere mehr. Auch eine Statue des Laokoon erwähnt er und berichtet, dass er sie im Haus des Kaisers Titus gesehen habe. Er bezeichnet sie als überwältigendes Kunstwerk, schöner als alle Werke der Malerei und Bildhauerkunst, die es je gegeben habe. Oh ja, je länger Michelangelo die Statue im flackernden Licht der Lampe betrachtet, umso besser begreift er, was Plinius mit diesen Worten meinte. Für ihn, den 30-jährigen stadtbekannten Bildhauer, gibt es kaum etwas, das ihn mehr in seiner Arbeit beflügelt als antike Skulpturen. Wie sehr liebt er diese Kunst, ihre unglaubliche Dynamik, die jedes Körperteil

Michelangelo Buonarroti war Maler, Bildhauer, Architekt und Dichter. Er gilt als Meister der italienischen Renaissance. Seine Kunst hatte bereits zu seinen Lebzeiten epochale Wirkung. Er nannte die Skulptur des Laokoon ein »Wunder der Kunst«.

erfasst. Dass er anwesend sein darf, als die berühmteste Statue des gesamten Altertums nach Jahrhunderten wiederentdeckt wird, lässt ihn vor Ergriffenheit erschauern.

Giuliano hat seinen Plinius genau gelesen und das Gelesene bestens in Erinnerung. Augenblicklich stehen ihm die Bilder dramatischer Ereignisse vor Augen, die sich vor einer Ewigkeit abgespielt haben sollen … Und er erzählt dem staunenden Felice die ergreifende Geschichte des bedauernswerten Laokoon und seiner Söhne:

Zehn Jahre hatten Griechen und Trojaner einander vor Troja bekämpft, ermordet und gemetzelt. Zum Erstaunen der Trojaner hatten die Griechen eines Tages ohne erkennbaren Grund den Kampf eingestellt, stattdessen ein riesiges hölzernes Pferd gebaut und sich aus dem Staub gemacht. Die Trojaner freuten sich über die Maßen über das überraschende Ende des Krieges. Die Menschen strömten aus der Stadt, feierten, bestaunten das hölzerne Pferd und beratschlagten, was damit zu tun sei. »Ins Meer stürzen«, meinten die einen. »Oh nein, es ist so schön, lasst es uns in die Stadt bringen«, riefen die anderen. Aber Laokoon, ein alter, weiser Priester, teilte die Euphorie der Trojaner nicht: »Traut den Griechen nicht, auch wenn sie Geschenke bringen«, rief er mahnend.

Als er gerade gemeinsam mit seinen beiden jugendlichen Söhnen dem Gott Neptun ein Opfer bringen und dem Opferstier den Todesstoß versetzen wollte, tauchten aus den Fluten des Meeres zwei riesige Schlangen auf. Wie Drachen wälzten sie sich heran, ihre Kämme ragten blutrot über die Wellen und ihre Augen blitzten furchterregend. Sie rasten auf Laokoon und seine Söhne zu, umschlangen die zarten Körper der Jungen und zermalmten sie.

Voller Entsetzen stürzte der Vater herbei, um seine geliebten Söhne vor den beiden Ungetümen zu retten, doch die Schlangen ergriffen auch ihn, schnürten sich zweifach um Körper und Hals, und während der Alte vergeblich versuchte, sich aus den Schlingen zu befreien, töteten sie auch ihn.

Die Götter hatten Laokoon für seine zweifelnden Worte bestraft, so deuteten es die Bewohner Trojas. Sie holten nun das hölzerne Pferd in die Stadt, ohne allerdings zu ahnen, dass sich in seinem Innern die stärksten griechischen Krieger versteckt hielten. In der folgenden Nacht stiegen diese aus dem Bauch des Pferdes heraus, öffneten die Stadttore, und das in der Nacht heimlich zurückgekehrte griechische Heer zog mordend durch die Stadt. So brachten sie Troja das von Laokoon prophezeite Ende.

Hätte man doch nur Laokoons warnende Worte ernst genommen ...

Nach dieser erschütternden Erzählung sehen die Anwesenden die marmorne Figur des Mannes und seiner Söhne mit anderen Augen. Ganz plastisch steht das längst Vergangene plötzlich vor ihnen und lässt das Gehörte in besonderer Weise vor ihren Augen lebendig werden.

In der folgenden Zeit feiert ganz Rom die Wiederentdeckung der Skulptur, die so lange bekannt, aber verschwunden gewesen war. Man feiert Feste, fertigt Zeichnungen von ihr an und diskutiert ihren weiteren Verbleib.

Nur wenige Wochen nach ihrer Auffindung, am 23. März, gehört die Statuengruppe dem Papst. Er hat sie Felice abgekauft und ihm eine stattliche Summe dafür gezahlt.

Der Weinbauer Felice de Fredis wird nach seinem Tod 23 Jahre später in der Kirche Santa Maria in Aracoeli beerdigt, eine ganz besondere Ehre, die noch nie einem einfachen Mann wie ihm zuteil geworden war. Eine Grabstätte hatten hier bisher nur römische Adelsfamilien und Kardinäle erhalten, Weinbauern wurden in dieser Kirche üblicherweise nicht beerdigt. »Dem Felice de Fredis, der sich wegen seiner Verdienste und der unvergleichlichen Auffindung des Laokoon, eines gleichsam atmenden Standbilds, das im Vatikan zu betrachten ist, Unsterblichkeit erworben hat ...«, steht auf seinem Grabstein, der bis heute die Erinnerung an den Laokoon-Entdecker wachhält.

Was bleibt?

Bis heute gilt die Statue des Laokoon und seiner Söhne als eine der wichtigsten Skulpturen des Altertums. Sie hat die Kunstgeschichtsschreibung und die Kunstbetrachtung ganz wesentlich beeinflusst: Mit ihr schien erstmals ein Hauch vergangener Dramen und beinahe vergessener Ereignisse in die Gegenwart zu wehen. Bücher und Aufsätze über die Laokoon-Gruppe füllen ganze Bibliotheken. Der Anblick der Statue erschüttert wahrscheinlich jeden, der sie zum ersten Mal sieht. Johann Joachim Winckelmann inspirierte sie zu den berühmten Worten der »edlen Einfalt und stillen Größe«, die das Wesen herausragender antiker Kunst so treffend beschreiben.

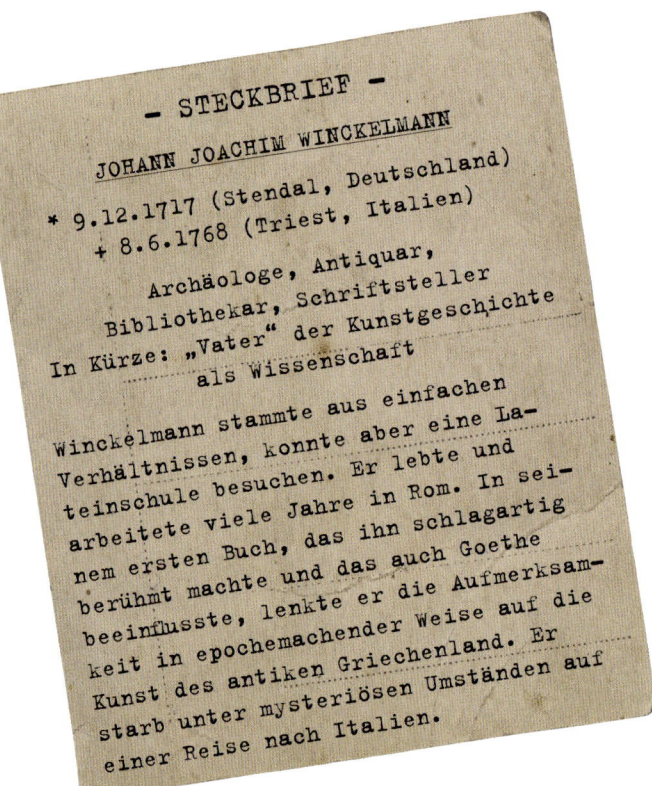

- STECKBRIEF -

JOHANN JOACHIM WINCKELMANN

* 9.12.1717 (Stendal, Deutschland)
† 8.6.1768 (Triest, Italien)

Archäologe, Antiquar,
Bibliothekar, Schriftsteller
In Kürze: „Vater" der Kunstgeschichte
als Wissenschaft

Winckelmann stammte aus einfachen Verhältnissen, konnte aber eine Lateinschule besuchen. Er lebte und arbeitete viele Jahre in Rom. In seinem ersten Buch, das ihn schlagartig berühmt machte und das auch Goethe beeinflusste, lenkte er die Aufmerksamkeit in epochemachender Weise auf die Kunst des antiken Griechenland. Er starb unter mysteriösen Umständen auf einer Reise nach Italien.

Das Geheimnis der Steinriesen –
Jacob Roggeveen entdeckt die Osterinsel

Es ist der 6. April 1722, ein strahlend schöner Ostermontag, als vor den drei Schiffen des holländischen Admirals Jacob Roggeveen ein unbekanntes Eiland auftaucht. Augenblicklich schlägt dem Kapitän das Herz schneller.

Mehr als neun Monate ist es her, dass er im Auftrag der Westindischen Handelskompanie von Amsterdam aus aufgebrochen ist, um den schon in antiken Schriften beschriebenen geheimnisumwitterten Südkontinent, die Terra australis incognita, zu finden. Der 63-jährige Roggeveen träumt – wie schon sein Vater vor ihm – davon, die unbekannten Länder des Pazifischen Ozeans zu erkunden. Seine bisherige Route hat ihn zusammen mit seiner 260 Mann starken Besatzung von Amsterdam aus über Madeira nach Brasilien geführt, an den Falkland-

inseln vorbei um das Kap Hoorn. Am 25. Februar 1722 hatte er die Juan-Fernández-Inseln erreicht, von wo aus er auf der Suche nach dem wundersamen Südland westwärts weitergesegelt war.

Die Insel, die nun rasch größer wird, liegt etwa dort, wo Roggeveen das Davisland vermutet. Dieses Fleckchen Erde hat der Bukanier Edward Davis im Jahr 1687, also mehr als 30 Jahre zuvor, als erster Europäer gesichtet. Roggeveens Vermutung: Könnte das Davisland der nördliche Teil des gesuchten Südkontinents sein? Aber nein, bei genauerer Betrachtung stellt er fest, dass diese Insel hier nicht exakt dort

Angeblich existiert der geheimnisvolle Südkontinent als Gegengewicht zu den Landmassen der Nordhalbkugel. Unvorstellbare Mengen an Gold sollen dort zu finden sein, so erzählte man sich.

liegt, wo das Davisland verortet ist, außerdem sieht es anders aus als das von dem Piraten beschriebene Eiland.

Was also tut Roggeveen? Kurzerhand erklärt er sich selbst zu ihrem Entdecker und nennt die Insel Paasch-Eyland, Osterinsel – die Insel, die an Ostern entdeckt wurde. Und er beschließt, sie gemeinsam mit seiner Mannschaft zu erkunden.

Als sich die Holländer der Küste nähern, erkennen sie, dass die Insel bewohnt ist, dunkelhaarige Nackte beiderlei Geschlechts laufen am Strand hin und her: Wilde? Menschenfresser? Auf Roggeveens Befehl geht man erst einmal vor Anker, sicher ist sicher.

Denn was weiß er schon über die Menschen, die hier, am Rand der Welt, leben? Nichts! Dass die Eingeborenen ihre Insel für den Nabel der Welt halten, seit der legendäre König Hotu Matua vor Hunderten von Jahren hier mit seinem Volk gelandet ist, ahnt Roggeveen natürlich nicht. Und er kann nur vermuten, dass den isolierten Insulanern ihre etwa 20 Kilometer lange und zehn Kilometer breite Insel als die ganze Welt erscheinen muss und dass hier ganz eigene Regeln und Gesetze gelten. Mehr als das karge Land mit den drei erloschenen Vulkanen kennen sie nicht, die nächste bewohnte Insel liegt 2100 Kilometer entfernt, das Festland fast doppelt so weit. Wer hier lebt, kommt nicht

so einfach fort – undenkbar, diese Distanz mit einem der einfachen Schilfboote zu überwinden, die am Strand liegen.

Am nächsten Morgen, der Tag ist gerade angebrochen, steht plötzlich ein Mann auf Roggeveens Schiff. Die Seeleute bekommen einen gewaltigen Schreck, doch bald wundern sie sich nur noch über den ganz freundlich wirkenden Insulaner, dessen Bewegungen auffallend schön und graziös sind. Keiner hat etwas dagegen einzuwenden, dass der Mann sich alles ganz genau ansieht: die Takelage, die Segel, die Masten und Geschütze. Dieser Mensch hat so gar nichts von einem Wilden, sondern verhält sich wie ein Mann, der sich über alle Maßen für Technik interessiert.

Aus Spaß geben sie dem Nackten eine Hose und ein Hemd, doch weiß er gar nichts damit anzufangen, und auch als sie ihm eine Schale Suppe und einen Löffel reichen, warten sie vergeblich darauf, dass er zu essen beginnt. Es ist ganz offenkundig: All diese Dinge und Gerätschaften hat er nie zuvor gesehen. Die Holländer amüsieren sich köstlich über den in ihren Augen komischen Kerl und geben ihm viele kleine Geschenke, die er, vorsichtig schwimmend, an Land bringt.

Die Folge ist absehbar: Am nächsten Tag wimmelt es auf dem Schiff nur so von lärmenden und lachenden Eingeborenen, die überall neugierig ihre Nasen hineinstecken. Doch der Spaß hat ein jähes Ende und die Stimmung kippt ganz unvermittelt: Plötzlich springt einer ins Wasser, hinter ihm her eine Schar empörter Holländer, die ihren gestohlenen Hüten und einer entwendeten Tischdecke nachjagt. Nein, stehlen wollen die Einwohner nicht, sie glauben, dass die Fremden von ihren verstorbenen Vorfahren geschickt worden seien, um ihnen Geschenke zu bringen.

Am Nachmittag desselben Tages gehen die Seeleute an Land. Tausende von Menschen, alle sehr groß und stark, stehen bei ihrer Ankunft am Strand. Sie scheinen den Ankömmlingen freundlich gesonnen, halten ihnen Früchte, Nüsse und Hühner entgegen, fallen vor ihnen auf die Knie und haben Palmzweige als Friedenszeichen in den

Die Legende um König Hotu Matua

Wie auf fast allen Inseln des Südpazifik existiert auch für die Osterinsel eine uralte Geschichte, eine Legende, die seit Jahrhunderten erzählt wird und die zu erklären versucht, wie die ersten Menschen hierherkamen: Vor langer Zeit lebte im mythischen Land Hiva ein Mann, der eines Nachts von einer wunderschönen Insel träumte. Er erzählte König Hotu Matua davon, der den Entschluss fasste, gemeinsam mit seiner Frau, seiner Schwester, etlichen Siedlern, Pflanzen, Tieren und auch einer steinernen Statue dorthin aufzubrechen, um auf dieser Insel zu leben. Auch andere Rätsel der Osterinsel versuchte man sich auf diese Weise zu erklären. So sollen einige der steinernen Statuen jene Männer darstellen, mit denen der König auszog, um die Insel zu finden. Und die Kinder des Königs wurden später angeblich die Gründungsväter der Osterinsel-Stämme.

Händen, so deutet es zumindest Roggeveen. Obwohl die Menschen hier ein sanftes, schüchternes und furchtsames Wesen zu haben scheinen, ist den Holländern nicht wohl, weder beim Anblick der Insel noch bei dem ihrer Bewohner. Auf ihrer Haut haben diese Tätowierungen mit wunderlichen Figuren, und in den Ohrläppchen, die ihnen bis auf die Schultern hinabhängen, tragen einige weiße Klötze als Schmuck.

Viel zu sehen gibt es auf dieser einsamen Insel nicht, aber das Wenige ist umso beeindruckender: Überall am Strand stehen und liegen seltsame und befremdliche Monumente, die Menschen darstellen. »Götzenbilder«, so sagen Roggeveen und seine Männer dazu, *Moai* nennen die Einheimischen sie. Hunderte sind es, in verschiedenen Größen, die von Mannshöhe bis hin zu mehreren Metern reichen. Der Typus der Statuen ist fast immer gleich: ein überdimensionierter Kopf, der mehr als die Hälfte der Figur einnimmt, lange Ohren und kaum Hals. Sie sind aus dunklem Stein gemacht, stumm und furchteinflößend stehen sie da. Einige scheinen den Betrach-

ter aus weit aufgerissenen Augen anzustarren und sehen aus wie das versteinerte Unheil. Ihre zusammengepressten Lippen verleihen ihnen einen trotzigen Ausdruck. Merkwürdig ist auch, dass die meisten nicht etwa aufs Meer hinausblicken, sondern – das Wasser im Rücken – die Menschen auf der Insel fest im Blick haben. Die ganze Insel ist von einer rätselhaften Aura umgeben. Warum machte man sich die Mühe, diese Figuren aus dem Stein zu schlagen und dann offensichtlich kilometerweit über die Insel zu schaffen? Mit welchen Werkzeugen wurden sie gefertigt? Sollen sie die Ahnen der Insulaner verkörpern? Oder Götter? Roggeveens Leute beobachten, wie einige Eingeborene vor den Statuen Feuer machen. Es sieht aus, als würden sie sie anbeten, indem sie sich zu ihren Füßen gebeugten Hauptes auf die Fersen setzen. Einige wirken wie Priester und tragen Mützen aus Federn auf ihren kahlen Schädeln. Und noch mehr verwundert sie: »Diese Steinfiguren erfüllen uns mit Staunen, denn wir können nicht begreifen, wie Menschen ohne feste Hebebäume und ohne Tauwerk imstande gewesen sind, sie zu errichten«, bemerkt Roggeveen, kaum dass sie sich ein wenig auf der Insel umgesehen haben.

Plötzlich, und für die Holländer völlig unerwartet, beginnen einige Insulaner, faustgroße Steine aufzusammeln, und bauen sich damit drohend vor den Ankömmlingen auf. Hunderte von Männern stehen sich gegenüber, starren einander an und wissen

Betrachtet man einen Moai genauer, entdeckt man überraschende Details: den feinen Schwung der Nase, die zarten Nasenlöcher, die geheimnisvolle Handhaltung, den sanft gewölbten Bauch ...

nicht, was sie voneinander halten sollen. Die Holländer bekommen es mit der Angst zu tun. Besteht womöglich die Gefahr, dass die Einwohner Kannibalen sind? Durchaus! Würden Roggeveens Leute Rapanui, die Sprache der Eingeborenen, verstehen, würden sie jetzt vielleicht eine der gebräuchlichen Verwünschungen zu hören bekommen: »Ich habe noch das Fleisch deiner Mutter zwischen den Zähnen!«

Die Nerven der Holländer sind zum Zerreißen gespannt. Plötzlich versucht ein Insulaner, eine Muskete an sich zu bringen, und im nächsten Moment wird eine ganze Musketensalve auf die Inselbewohner abgefeuert. Kaum hat sich der Rauch verzogen, sehen Roggeveens Leute mehrere Männer und Frauen tot am Strand liegen, darunter auch den lustigen Burschen, der sie als Erster auf dem Schiff besucht hat. Wie furchtbar! Die Holländer sind zutiefst beschämt über diesen Vorfall. Nach nur einem Tag verschwinden sie wieder von der Insel, der sie einen Namen und nicht gerade rühmliche Erinnerungen hinterlassen, und setzen ihre Fahrt gen Westen fort. Mit im Gepäck hat der Kapitän die Berichte über die Insel und ihre geheimnisvollen Bewohner, über jene aus Fleisch und Blut ebenso wie über jene aus Stein.

Nachdem die Berichte von Roggeveens Fahrt gedruckt und publiziert worden sind, ist die geheimnisvolle Insel zwar auch in Europa bekannt, jedoch hält kaum jemand eine Reise in eine solch abgelegene Region für gewinnbringend. So vergehen Jahrzehnte, bis die nächsten Europäer die Osterinsel betreten. Der bekannteste unter ihnen ist der britische Kapitän und Entdecker James Cook, der sich zusammen mit seiner Mannschaft im März 1774 eine Woche auf der Insel aufhält. Er zeigt sich entsetzt über das, was er hier erblickt. Nie zuvor haben er oder seine Männer einen furchtbareren Ort gesehen, so arm und traurig erscheinen ihnen seine Bewohner, so karg die Landschaft. Die Statuen sind fast allesamt umgestürzt, ihre Köpfe sind beim Aufprall abgebrochen. Das sieht nach keinem unglücklichen Zufall aus, hier muss etwas Schreckliches geschehen sein. Wer oder was dahintersteckt, können sie in der kurzen Zeit ihres Aufenthaltes allerdings nicht ergründen. Gesundheitlich angeschlagen, ohne frisches Wasser und ohne Aussicht auf Proviant, beeilen sich Kapitän Cook und seine Mannschaft, die Insel wieder zu verlassen. Beeindruckend und sehr aufschlussreich sind jedoch die Berichte und wunderbaren Abbildungen, die Cooks Mannschaft mit nach Hause bringt.

Im späten 19. Jahrhundert beginnen Wissenschaftler erstmals, die Insel auch archäologisch zu untersuchen. Doch bis die Frage nach dem Schicksal der Statuen und der Menschen, die sie einst geschaffen haben, eine erste einleuchtende Antwort findet, vergehen noch einmal viele Jahre – bis nämlich Thor Heyerdahl im Jahr 1955 die Insel betritt. Sein Hauptinteresse liegt vor allem darin, die Herkunft der Inselbewohner zu erforschen. Er sucht Beweise für seine Theorie, dass die Inseln des Pazifischen Ozeans – und damit auch die Osterinsel – von Südamerika aus besiedelt worden seien und nicht, wie die Mehrheit der Wissenschaftler zu seiner Zeit annimmt, aus Polynesien. Interessiert stellt er fest, dass die Menschen hier Kartoffeln essen, eine Knolle, die auch in Südamerika heimisch ist! Ob sie von dort vor Jahrhunderten mitgebracht wurde? Auch die Steinfiguren erregen sein Interesse, denn auch sie ähneln dem, was er aus Amerika kennt, und er glaubt, in den Tempelanlagen, den *Ahu*, Parallelen zu südamerikanischer Architektur zu entdecken.

Heyerdahl ist es auch, der die Steinbrüche und Bildhauerwerkstätten untersucht, von denen sich der größte im erloschenen Vulkan Rano Raraku befindet – ein gespenstischer Ort, in dem die Zeit stillzustehen scheint. Die Wand des riesigen Kraters bevölkern fast 400 Statuen in verschiedenen Phasen der Fertigstellung, teils roh behauen, teils zum Abtransport bereit. Die eindrucksvollste von ihnen misst 20 Meter und war womöglich zu groß geraten, um überhaupt noch bewegt werden zu können. Überall auf dem Boden liegen die Werkzeuge der Steinmetze – steinerne Pickel, Bohrer und Hämmer. Man könnte meinen, sie hätten nur eine kurze Pause eingelegt. Kein Mensch würde vermuten, dass diese »Pause« seit Jahrhunderten andauert und keiner der Arbeiter je zurückgekehrt ist.

Seit ihrer Entdeckung durch Roggeveen hat die Osterinsel, die seit 1888 zu Chile gehört, die Fantasie der Menschen beflügelt; sie ist und bleibt einer der geheimnisvollsten Orte, die es gibt. Viele Jahre vergingen, bis Archäologen endlich genügend

– STECKBRIEF –

JACOB ROGGEVEEN

* 1.2.1659 (Middelburg, Holland)
† 31.1.1729 (Middelburg)

Jurist, Seefahrer, Forscher
In Kürze: Entdecker und Namensgeber der Osterinsel

Als studierter Jurist und Sohn eines ebenfalls zur See fahrenden Mathematikers und Entdeckers machte sich Roggeveen im Auftrag der Westindischen Handelskompanie mit drei Schiffen auf den Weg, um neue Länder und den sagenumwobenen Südkontinent zu finden. Dabei entdeckte er an Ostern die „Osterinsel". Seine Reisen leisteten wichtige Beiträge zur Vermessung und Kartierung des Pazifischen Ozeans.

Wissenschaftler betrachten Heyerdahls Theorie heute als widerlegt: Die ersten Siedler kamen tatsächlich aus dem Westen.

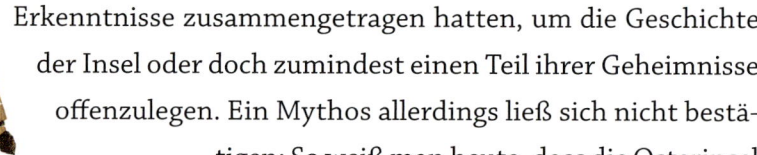

Erkenntnisse zusammengetragen hatten, um die Geschichte der Insel oder doch zumindest einen Teil ihrer Geheimnisse offenzulegen. Ein Mythos allerdings ließ sich nicht bestätigen: So weiß man heute, dass die Osterinsel nicht der Rest eines untergegangenen Kontinents ist, sondern ihre Existenz drei Vulkanen verdankt, die zuletzt vor etwa 2000 Jahren Lava spuckten.

Zunächst dürfte der Ort ein Paradies gewesen sein, ein fruchtbares Stück Land mit hohen Palmen, mit ausreichend Nahrung für Tausende von Menschen, die hier, mitten im Pazifik, lange Jahre in Stammesorganisationen lebten und ein friedliches Dasein führten. Die Inselbewohner besaßen eine hoch entwickelte Kultur, sie konnten schreiben und lesen und hatten eine eigene Schrift. Doch irgendwann begannen sie damit, sich systematisch zu bekriegen. Gleichzeitig entstanden die riesigen Statuen, die von den Bewohnern angebetet wurden, da sie eine Verbindung zwischen den Menschen und einer göttlichen Welt darstellten. Und eines Tages fingen sie damit an, immer größere Figuren zu bauen: Vielleicht rechneten sie sich dadurch besondere Vorteile aus, vielleicht genossen sie durch sie ein höheres Ansehen. Auf jeden Fall wird vermutet, dass ihr Bau etwas Entscheidendes nach sich zog: Um sie vom Steinbruch zum vorgesehenen Platz zu transportieren und dort aufzurichten, waren Baumstämme nötig, die als Rollen, vielleicht auch für Kräne und Schienen dienten. Rund zehn Millionen Bäume wurden deshalb gefällt.

Die Folge war, dass der fruchtbare Boden, der zuvor von den Wurzeln festgehalten wurde, weggeschwemmt und weggeweht wurde. Eine Katastrophe! Nun konnte hier kaum noch etwas wachsen und gedeihen. Auch die Krankheiten, die von den Europäern eingeschleppt worden waren, taten ihr Übriges, und die Zahl der Einwohner reduzierte sich rasch auf rund 100 Menschen. Zu dieser Zeit breitete sich wahrscheinlich Kannibalismus auf der Insel aus. Ab der Mitte des 17. Jahrhunderts wurden keine großen Figuren mehr errichtet und begonnene Statuen blieben unfertig im Steinbruch liegen. In der Folgezeit wurden die Statuen umgeworfen und die Terrassen, auf denen sie standen, systematisch zerstört.

Was bleibt?

Heute leben auf der Insel wieder um die 7750 Menschen, die zum großen Teil dem christlichen Glauben angehören. Die Insel ist als Nationalpark Rapa Nui Teil des UNESCO-Weltkulturerbes und eine der eindrucksvollsten archäologischen Stätten der Erde. Jedes Jahr kommen rund 100 000 Touristen, vor allem angezogen von den geheimnisvollen Moai, von denen es einst um die 1000 gab. Etwa 890 können heute noch bewundert werden. Ethnologen und Archäologen werden weiterhin versuchen, Erkenntnisse über die Statuen, ihre Erbauer und die tragische Geschichte der Insel ans Licht zu bringen, die einst von Roggeveen entdeckt wurde und deren Geheimnis bis zum heutigen Tag nicht gänzlich gelüftet ist. Der Südkontinent, den Roggeveen, Cook und viele andere zu finden gehofft hatten und dessentwillen sie in See gestochen waren, blieb zwar ein schöner Traum, aber Roggeveen gelang dafür etwas anderes: Er entdeckte weitere Inseln und leistete mit seinen Reisen einen wichtigen Beitrag zur Entdeckung und Kartierung des Pazifik.

Eine Sportstätte versinkt im Schlamm –
Richard Chandler entdeckt Olympia

London, 1764: Böse Zungen behaupten von den Männern der *Society of Dilettanti*, sie legten vor allem darauf Wert, Korken knallen zu lassen und sich in geselliger Runde an antiker Kunst zu erfreuen. Der Vorsitzende und Mitbegründer der Gesellschaft genießt in London vor allem den Ruf eines Wüstlings.

So negativ wie manch ein anderer sieht der junge Richard Chandler die fragwürdigen Gentlemen der Londoner Gesellschaft nicht. Kein Wunder: Schließlich haben die *Dilettanti* dem erst 26 Jahre alten Archäologen ziemlich viel Geld dafür geboten, dass er für sie in einige Teile des Orients, nach Griechenland und Kleinasien, reist, um dort Informationen über die Länder und die dortigen Denkmäler des Altertums zu sammeln. Seine Beobachtungen soll er aufschreiben, um »von dem alten und gegenwärtigen Zustand der Orte die beste Vorstellung zu geben«.

Richard Chandler fühlt sich geehrt, schließlich gehören keineswegs nur Spinner, sondern auch gebildete Männer diesem Kreis an. Sie alle verbindet eins: ihre Liebe zur Antike und zu den Schönen Künsten. Und sie scheuen keine Kosten, um an neue Erkenntnisse über die Vergangenheit zu gelangen – wenn das nicht ehrenwert ist! Chandler selbst hat die Antike und ihre künstlerischen Zeugnisse ebenfalls zu seinem Hauptinteresse erklärt und ist begierig darauf, sie zu erforschen. Obwohl noch sehr jung, ist er bereits ein ernst zu nehmender Archäologe und hat gerade erst ein viel beachtetes Werk publiziert, was sich bei den Mitgliedern der *Society* herumgesprochen hat. Ihr Name – Gesellschaft der Dilettanten (von *dilettare*, italienisch für »sich erfreuen«) – bringt zum Ausdruck, dass sie keine Fachleute sind, sondern sich ihrer Sache allein aus Freude und Interesse verschrieben haben. Zu dieser Zeit ist es unter Adligen durchaus üblich, sich als Laie etwa den Schönen Künsten oder auch der Erforschung der Antike »dilettantisch« zu widmen.

Die Mitglieder der *Society of Dilettanti* waren vor allem an der Kunst der Antike interessiert und finanzierten mit ihren Spenden archäologische Expeditionen.

Nachdem der junge Archäologe den Vertrag unterzeichnet hat, begibt er sich unverzüglich gemeinsam mit dem Architekten Nicholas Revett – einem wunderbaren Zeichner! – sowie dem jungen Maler William Pars – nicht weniger begabt – an Bord der *Anglikana*, um über den Atlantik und durch die Meerenge von Gibraltar über das Mittelmeer bis zur Küste Kleinasiens zu segeln. Von dort aus wollen die drei Männer Exkursionen unternehmen und die Gegend ringsum genauestens erkunden, um dabei, wenn möglich, Inschriften, verschollen Geglaubtes und völlig Unbekanntes zu entdecken. Ihre illustrierte Beschreibung soll dafür sorgen, dass sich die *Dilettanti* und andere Interessierte später in England die bestmögliche Vorstellung von all jenen Orten machen können. Vereinbart ist, dass jeder der drei Expeditionsteilnehmer jährlich eine großzügig bemessene Summe Geldes erhält. Die *Dilettanti* beschränken die Zeit der Entdeckungsreise in keiner Weise und überlassen es dem Archäologen, einzuschätzen, wie lange er benötigen wird, um bedeutende Funde zusammenzutragen. Großartig! Das Abenteuer kann also beginnen, und Richard Chandler ist der erklärte Anführer der Gruppe.

Die folgenden Monate sind für Chandler und seine beiden Expeditionskollegen voll von Erlebnissen und Begegnungen, die sie mit Staunen, Ehrfurcht und Freude erfüllen: Sie beobachten Seeungeheuer – oder was sie dafür halten –, bestaunen Chamäleons, entziffern antike griechische und römische Inschriften und beschreiben und zeichnen Landschaften und Dörfer. Sie genießen türkische und griechische Gastfreundschaft, ersticken beim Erkunden von Höhlen fast in Unmengen von Fledermauskot, kosten Früchte und Speisen, deren Namen sie nie zuvor gehört haben, entkommen der todbringenden Pest, gewöhnen sich daran, im Schneidersitz zu essen, und finden Gefallen am Mittagsschläfchen, einer ihnen ganz unbekannten Sitte. Chandler beschreibt die ersten Türken, die ihm unter die Augen kommen, schwärmt von den kurzen Röcken der griechischen Mädchen und wundert sich über türkische Frauen, die zu Hause verborgen gehalten werden und – wenn überhaupt – nur mit verhülltem Gesicht auf die Straße treten. Überhaupt geben die Einwohner der fremden Länder immer wieder Anlass zu Erstaunen: »Wir setzten ihnen eingemachte Sachen, Zuckerwerk, Pfeifen und Kaffee vor, und sie schienen sehr zufrieden, nur wollten ihnen unsere Stühle nicht behagen. Einige versuchten, ihre Beine unter sich auf die Sitze zu bringen, andere kauerten dabei auf den Boden nieder ...«

Chandler sieht bereits vor seinem inneren Auge, wie die *Dilettanti* interessiert seine Worte lesen. Was er in seiner eigenen Begeisterung für all das Neue und Fremdartige aber auf keinen Fall vergessen darf: Die Herren erwarten für ihr Geld nicht nur die Schilderungen seltsamer Sitten und Gebräuche, sondern auch aufsehenerregende Entdeckungen. Und auch Chandler selbst hofft natürlich auf archäologisch bedeutsame Funde!

Eines Tages – Chandler und seine Kollegen sind mittlerweile von Smyrna kommend über Athen weiter auf die Peloponnes gereist – berichtet ihnen ein Türke namens Mulah, dass er ganz in der Nähe, im Tal des Alpheios-Flusses, Ruinen gesehen habe. Das versetzt Chandler nun nicht gerade in große Aufregung, antike Relikte finden sich hier viele, schließlich gehörte das Gebiet schon vor mehr als 2000 Jahren zu Griechenland, später dann zum riesigen Römischen Reich. Überreste von Mauern und Säulen sind hier überall zu finden und dienen als beliebtes Baumaterial. Die Dorfbewohner greifen hin und wieder zu, wenn sie die Steine für ihre Häuser nutzen können oder Kalk benötigen, den sie durch Verbrennen von Marmor gewinnen.

Aber die Lage der Ruinen, die Mulah da beschreibt, lässt Chandler aufhorchen, vermutet er doch an etwa dieser Stelle einen ganz besonderen Ort: das antike Olympia. Vor allem die Bücher des antiken griechischen Schriftstellers Pausanias, die im 15. Jahrhundert, zur Zeit der Renaissance, wiederentdeckt worden waren, haben ihn auf diese Spur gebracht. Pausanias erwähnt bei seinen Beschreibungen Griechenlands auch Olympia, das Heiligtum des Zeus mit seinem Tempel, und vieles mehr; wo dieser Ort allerdings genau zu finden ist, lässt sich aus seinen Ausführungen nicht erschließen.

Natürlich hat Chandler einiges über die Olympischen Spiele gelesen, die hier einmal stattgefunden haben sollen. Sportliche Wettkämpfe, so weiß man, gab es viele in der Antike, aber die Spiele in Olympia müssen etwas ganz Besonderes gewesen sein: Ein Athlet, der hier einen Sieg

Sport in der Antike

Wer zum ersten Mal einen Blick auf Olympia, den Austragungsort der antiken olympischen Spiele, wirft, kommt ins Staunen: Ein riesiger Tempel steht im Zentrum der Anlage, denn die Spiele der Vergangenheit waren Teil einer kultischen Handlung, Teil eines Gottesdienstes für Göttervater Zeus. Jeder Athlet, der in Olympia lief, den Diskus warf oder in anderen Sportarten seine Kräfte maß, tat das zu Ehren des höchsten griechischen Gottes. Auch sonst gab es Unterschiede zu heute, so galt als Motto: »Mitmachen, um zu gewinnen!«, außerdem waren die Spiele ausschließlich Reichen und Männern vorbehalten. Die Wettkämpfe gehen bis ins 1. Jahrtausend v. Chr. zurück und wurden bis zum 4. Jahrhundert n. Chr. ausgetragen. Sie waren so beliebt, dass man im antiken Griechenland nicht Jahreszahlen, sondern »Olympiaden« als Zeitmaß verwendete, jene vier Jahre zwischen den Spielen.

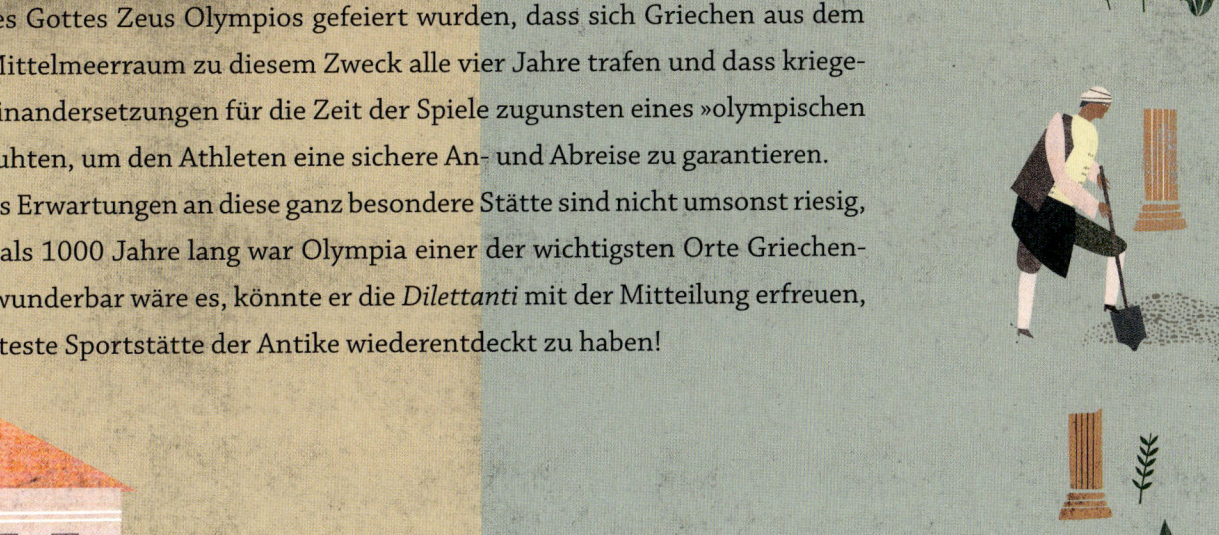

errang, wurde später in seiner Heimat gefeiert wie ein Held. Sollte Chandler allerdings beschreiben, wie die Spiele genau vonstatten gingen, so würde er ins Grübeln kommen: Ein Sportspektakel dieses Ausmaßes kann er sich beim besten Willen nicht vorstellen, etwas Vergleichbares gibt es zu seiner Zeit nicht. Welche Art von Wettkämpfen fanden statt? Wie viele Athleten nahmen teil? Wo mögen die Sportler geschlafen und sich gewaschen haben? Was er weiß, ist, dass die Wettkämpfe zu Ehren des Gottes Zeus Olympios gefeiert wurden, dass sich Griechen aus dem gesamten Mittelmeerraum zu diesem Zweck alle vier Jahre trafen und dass kriegerische Auseinandersetzungen für die Zeit der Spiele zugunsten eines »olympischen Friedens« ruhten, um den Athleten eine sichere An- und Abreise zu garantieren.

Chandlers Erwartungen an diese ganz besondere Stätte sind nicht umsonst riesig, denn mehr als 1000 Jahre lang war Olympia einer der wichtigsten Orte Griechenlands. Wie wunderbar wäre es, könnte er die *Dilettanti* mit der Mitteilung erfreuen, die berühmteste Sportstätte der Antike wiederentdeckt zu haben!

Der Tempel des Zeus Olympios, dessen Reste Chandler fand, war einmal einer der größten und bedeutendsten Tempel der Antike. »Dorische Ordnung« bedeutet: Die Säulen waren mit vertieften Rillen (Kanelluren) versehen und die Kapitelle (der obere Abschluss der Säulen) sahen aus wie riesige steinerne Kissen.

Am nächsten Tag machen sich die Männer bei Tagesanbruch auf den Weg, den der Türke ihnen beschrieben hat. Später schreibt Chandler in sein Tagebuch: »Die Trümmer, die wir den Abend gesehen hatten, waren die Mauern eines sehr großen Tempels; aber die Steine waren alle beschädigt. Aus einem übrig gebliebenen massiven Kapitell konnte man schließen, dass das Gebäude von der dorischen Ordnung gewesen war. In einiger Entfernung davor war ein tiefer Graben mit stehendem Wasser und Ziegelschutt, wo vermutlich das Stadium gewesen war ...«

Mehr ist von dieser großartigen Stätte also nicht übrig geblieben? Chandlers Enttäuschung ist groß beim Anblick dieses Ortes, den er zweifelsfrei für Olympia hält, wie er den *Dilettanti* bald darauf mitteilt, aber mehr als diese etwas schnöde Beschreibung gibt der Ort leider nicht her! Statuen oder andere bedeutende Funde lassen sich schließlich nicht aus dem Ärmel schütteln. Was Chandler nicht wissen

kann: Nachdem der römische Kaiser Theodosius der Große 394 n. Chr. die Olympischen Wettkämpfe verboten hatte, verfiel die Wettkampfstätte. Als dann mehr
als hundert Jahre später ein Erdbeben die Gegend erschütterte und eine Überschwemmung die Gebäude zerstörte, verließen die letz-
ten Bewohner Olympias ihre Heimat und kehrten nie
mehr zurück. Nach und nach versanken Ortschaft und
Wettkampfstätte im Schlamm des Alpheios und ihre
Überreste wurden unter meterdicken Erdschichten
begraben …

Wie dem auch sei, Chandlers Aufgabe besteht
schließlich nicht im Ausgraben, sondern im Entdecken
und Beschreiben dessen, was er sieht. Die *Dilettanti*
zumindest sind nach seiner Rückkehr mehr als zufrieden und publizieren seine Berichte, die umgehend für
großes Aufsehen sorgen. Olympia gilt von nun an als
entdeckt, und Chandlers Name ist für immer mit
diesem Triumph verbunden.

Viele Jahre später lässt sich der Berliner Archäologe Ernst Curtius nicht nur durch Pausanias' alt-
bekannten, bereits aus dem 2. Jahrhundert n. Chr.
stammenden Führer durch Griechenland, sondern mehr noch durch Chandlers viel
aktuellere Reiseberichte inspirieren und reist 1838, also fast 80 Jahre nach Chandlers Forschungsreise, selbst nach Olympia. Zurück in Berlin, hält er 1852 einen Vor-
trag und schwärmt voller Begeisterung von den sagenhaften Schätzen, die seiner
Meinung nach dort in der Tiefe verborgen sein müssten. Und wie recht er haben soll!
Unter seinen Zuhörern ist kein Geringerer als König Friedrich Wilhelm IV., der sich
mitreißen lässt und einen Grabungsvertrag zwischen dem Deutschen Reich und der
griechischen Regierung anregt. Zwar lässt, bedingt durch kriegerische Unruhen,
der erste Spatenstich der deutschen Archäologen noch 23 Jahre auf sich warten, doch dann werden innerhalb von sechs Jahren unter meterhohen Verschüttun-
gen insgesamt 14 000 Objekte freigelegt, darunter der riesige Tempel des Zeus
Olympios, Schatzhäuser, die Palästra und die berühmt gewordene Hermes-Statue

— STECKBRIEF —

RICHARD CHANDLER

* 1738 (Elson, England)
+ 9.2.1810 (Tilehurst, England)

Archäologe
In Kürze: Entdecker Olympias,
der Wettkampfstätte der Antike

Nach seinem Studium schrieb Chandler
über die Antikensammlung eines englischen Earls, was ihn in Kunstkreisen
bekannt machte. Die Society of Dilettanti schickte ihn zusammen mit einem
Architekten und einem Maler zur Erkundung der antiken Vergangenheit in verschiedene Regionen Griechenlands. Er
kehrte mit reicher Ausbeute, unter anderem mit einem Bericht über Olympia,
nach England zurück.

Curtius' größte Verdienste
für die Klassische Archäologie waren die Leitung der
Grabungen in Olympia und
die Veröffentlichungen
seiner Grabungsergeb-
nisse.

des Praxiteles. Und das Graben nimmt kein Ende: Bis heute wird in Olympia geforscht und noch immer wird Neues entdeckt. Über keine andere Ausgrabungsstätte ist jemals so viel geschrieben worden wie über Olympia.

Was bleibt?

Bis heute gilt Richard Chandler als der Entdecker Olympias, auch wenn es ihm versagt blieb, der Stätte wirklich auf den Grund zu gehen. 1766 kehrte er mit reicher wissenschaftlicher Ausbeute nach England zurück, sehr zur Freude der Dilettanti. Als seine Reisebeschreibungen als Bücher erschienen, fanden sie schnell zahlreiche begeisterte Leser in verschiedenen Ländern. Bekannter als durch seine Olympia-Entdeckung wurde Chandler im Kreis der Archäologen allerdings durch seine Arbeiten über Inschriften und Kunst. Richard Chandler starb 1810, mit 72 Jahren, als Archäologe und Prediger in Berkshire, England. Erst Jahrzehnte nach Chandlers Tod begannen die ersten Grabungen in Olympia, während deren sich die Archäologen allerdings noch kaum für die Wettkampfstätten – Sport war längst nicht so populär wie heute – als vielmehr für Statuen und Tempel interessierten. Das änderte sich zum Glück! Wer heute »Olympia« hört, denkt weniger an den antiken Ort dieses Namens (und schon gar nicht an Richard Chandler als seinen fast vergessenen Entdecker), sondern vor allem an die alle vier Jahre stattfindenden modernen Olympischen Spiele. Diese wurden erstmals 1896, nach einer fast 1500-jährigen Pause seit dem Untergang der antiken Spiele, gefeiert.

Geheimagent im Wüstensand – Johann Ludwig Burckhardt entdeckt die Felsenstadt Petra

Jordanien im Jahr 1812: Mit diesem Mann wird Johann Ludwig Burckhardt also die nächsten Tage und Nächte verbringen. Vertrauenerweckend wirkt er nicht gerade, mit dem krummen Dolch an seinem Gürtel und den finster blickenden schwarzen Augen. Doch was bleibt dem jungen Schweizer übrig: Will er in jene geheimnisvolle, mitten im Tal des Wadi Musa gelegene Wunderstadt gelangen, von der ihm ein Beduine berichtet hat, dann ist er auf die Hilfe eines Führers angewiesen.

Das Wadi Musa oder auch Mosestal ist ein ausgetrocknetes Flussbett. Es trägt seinen Namen nach dem biblischen Moses, der hier angeblich Wasser aus dem Stein sprudeln ließ.

Insgeheim hofft Burckhardt, dass es sich bei der rätselhaften Stätte um jene Stadt handelt, die antike Schriftquellen Petra, »die Steinerne«, nennen und die sie für ihre unfassbare Schönheit rühmen. Die Nabatäer, ein sesshaft gewordener Nomadenstamm, sollen diesen Ort einst zur Hauptstadt ihres Königreichs gemacht

haben. Genaueres weiß man nicht, denn seit der Zeit der Kreuzzüge mehr als 500 Jahre zuvor hat kein Europäer diesen Ort zu Gesicht bekommen. Wird er, Burckhardt, nun womöglich der erste sein?

Der junge Mann nennt sich Scheich Ibrahim Ibn Abdallah. Um zu bemerken, dass er mitnichten ein Einheimischer ist, muss man ihn sehr genau in Augenschein nehmen: Seine Haut ist sonnengegerbt, sein Bart lang, seine Kleidung – Wollmantel, Turban, Pumphosen und Sandalen – ist staubig, und er spricht in nahezu fehlerfreiem Arabisch. Seinen leichten Akzent und seine gelegentliche Unsicherheit im Umgang mit heimischen Gebräuchen erklärt er damit, ein Kaufmann aus Indien zu sein.

Die *African Association*, eine Londoner Vereinigung wohlhabender Gentlemen, hatte sich die Erkundung der noch unerforschten Gebiete Afrikas zum Ziel gemacht.

Geboren wurde Johann Ludwig Burckhardt als Sohn eines reichen Schweizers, der in Basel mit der Produktion von Seidenbändern ein Vermögen gemacht hatte. Die Wirren der Französischen Revolution hatten den jungen Juristen 1806 nach London verschlagen. Er hoffte, hier in den diplomatischen Dienst eintreten zu können, doch vergeblich. Völlig verarmt traf er zwei Jahre später zufällig auf einige Forschungsreisende, die von ihren Expeditionen aus Indien, Afrika und dem Orient zurückgekehrt waren. Burckhardt lauschte gebannt ihren Berichten. Wäre eine solche Expedition im Dienst der *African Association* nicht auch für ihn eine spannende Aufgabe? Das erklärte Ziel dieser Londoner Vereinigung wohlhabender Gentlemen ist es, die noch unerforschten Gebiete Afrikas zu erkunden. Und der junge Schweizer bekam tatsächlich die Chance seines Lebens: In geheimer Mission sollte er von Kairo aus ins Innere Afrikas vorstoßen, Zugang zu den Schätzen des Schwarzen Erdteils finden, Informationen zum Fluss Niger als möglichem Schifffahrtsweg beschaffen, vor allem aber nach neuen Handelsrouten forschen. Die Reise sollte ihn bis nach Timbuktu führen, jener Stadt, der man unfassbare Goldvorkommen nachsagte und von der man deshalb als Handelspartner nur träumen konnte. Zu diesem Zweck sollte er sich einer der großen Fezzan-Karawanen anschließen, um von Kairo aus einmal fast den ganzen Kontinent zu durchqueren.

Die Fezzan-Karawane, die Reisende quer durch die Sahara führte, fand nur unregelmäßig statt. Brachen gefährliche Epidemien aus, kam sie manchmal jahrelang nicht zustande.

Die *Association* war sich der Gefahr, die eine solche Reise mit sich brachte, sehr bewusst. Aus finanziellen Gründen konnte die Gesellschaft immer nur einen Mann zur selben Zeit aussenden, und tatsächlich war keiner von Burckhardts Vorgängern von seiner Expedition lebend zurückgekehrt. Die *Association* zahlte deshalb jedem Reisenden nicht nur ein großzügiges Gehalt, sondern achtete auch sorgsam auf eine gute Vorbereitung ihrer Schützlinge. So hatte man Burckhardt zunächst nach Cambridge geschickt, damit er sich an der dortigen Universität lebensnotwendige Kenntnisse in Chemie, Astronomie, Mineralogie und Medizin aneignete. Er hatte im Schnellverfahren Arabisch gelernt und Unterricht in muslimischen Sitten, Gebräuchen und Gebeten erhalten.

Am 14. Februar 1809 war es endlich so weit: In England betrat Burckhardt das Schiff, das ihn über Malta in den Orient bringen sollte. Im Juni desselben Jahres war er als Scheich Ibrahim an Land gegangen und mit einer Karawane weiter nach Aleppo gereist. Was für eine pulsierende Stadt! Hier konnte er mit all seinen Sinnen in den Orient eintauchen und seine neue Identität vervollkommnen, wofür er sich ganze drei Jahre Zeit nahm. Sein Arabisch verbesserte er auf ausgedehnten Studienreisen bis zur Perfektion. Er lebte mit den Beduinen, erforschte ihre Sitten und Gebräuche, machte sich mit den theologischen und juristischen Grundlagen des Islams vertraut, studierte den Koran und mauserte sich mit

Zur Perfektion seiner Sprachkenntnisse übersetzte Burckhardt den Abenteuerroman *Robinson Crusoe* von Daniel Defoe, in dem ein Schiffbrüchiger viele Jahre auf einer einsamen Insel verbringt, aus dem Englischen ins Arabische.

den Jahren zu einem anerkannten Rechtsgelehrten. Und doch blieb die Angst, enttarnt zu werden, sein ständiger Begleiter, stets reiste er deshalb barfuß und in einfachster Kleidung, um weder Verdacht noch Habgier zu erregen.

»Yallah, yallah«, treibt ihn sein Begleiter barsch zur Eile an und holt Burckhardt damit in die Gegenwart zurück.

Wird auch er ihm seine Verkleidung und seine Identität als »Scheich Ibrahim Ibn Abdallah« abkaufen? Würde er in ihm einen »Franken«, also einen Christenmenschen, erkennen, dann müsste der junge Schweizer augenblicklich um sein Leben fürchten. Schließlich wäre er dann aus der Sicht der Beduinen ein »Ungläubiger«: Und als Ungläubiger verrät er sich im Handumdrehen, dafür muss er nur vor dem Essen das Dankgebet an Allah vergessen oder aber sein Büchlein zücken. Seine Fähigkeit zu schreiben würde ihn unweigerlich als Europäer enttarnen.

Zudem sollte er kein allzu großes Interesse für die Hinterlassenschaften der Antike zeigen, um nicht in den Verdacht zu geraten, ein Schatzsucher zu sein …

Und hier steht er nun also. Er hat extra seine Reiseroute von Aleppo Richtung Kairo nicht an der Küste entlang, sondern landeinwärts gewählt, um nach der sagenhaften Stadt Petra zu suchen. Zwar hat er den englischen Botschafter in Aleppo von seinem Abstecher unterrichtet, aber wann würde wohl die *Association* davon erfahren? Er hofft doch sehr, dass keiner der ehrenwerten Herren Anlass haben wird, in dieser Einsamkeit nach seiner Leiche suchen lassen zu müssen, wie im Falle seiner Vorgänger. So verlässt er sich lieber nicht allein auf seine Verkleidung: Seinem Führer erklärt er mit ernster Miene, er habe das Gelübde abgelegt, das Grab des

Die Einheimischen standen jedem Fremden äußerst misstrauisch gegenüber. Sie fürchteten, ihre Schätze könnten geraubt und ihr Land könne vereinnahmt werden. Ihr Gefühl trog sie nicht: 1923 wurde Jordanien britisches Protektorat.

Aaron zu besuchen, das solle hier doch ganz in der Nähe sein. Ein Opfer wolle er dort bringen, und während er das sagt, zeigt er auf die meckernde kleine Ziege, die er mit sich führt.

So reiten er und sein Begleiter los. Kaum ist nach einer Weile in der Ferne der Dschabal Harun, der Berg Aarons, in Sicht gekommen, weist der misstrauische Beduine Burckhardt an, seine Ziege zu schlachten. Nein, antwortet dieser, er habe gelobt, das Opfer direkt am Grab darzubringen, nirgendwo anders … Der Beduine blickt zwar mürrisch, doch was bleibt ihm anderes übrig, als dem frommen Kaufmann aus Indien seinen Wunsch zu erfüllen? So schnalzt er laut mit der Zunge und treibt sein Pferd zu einem zügigen Galopp an.

Nach einer Weile ragen die Felsen um sie herum in immer größere Höhen empor. Von einer Stadt kann Burckhardt zwar nichts entdecken, doch da öffnet sich plötzlich das rote Sandsteinfelsmassiv vor ihnen. Der Beduine zögert keine Sekunde und lenkt sein Pferd hinein in den Siq, wie er diese Schlucht nennt.

Nach wenigen Hundert Metern entlang weiß-gelblichen Felswänden wecken drei seltsam behauene Blöcke Burckhardts Interesse. Sie stammen eindeutig von Menschenhand und sehen aus wie kleine Tempel. Die beiden Männer reiten langsam immer tiefer in die Schlucht hinein. Burckhardt blickt sich aufmerksam um. An einer Wand entdeckt er mehrere Votivnischen, in denen in vergangener Zeit Opfergaben niedergelegt wurden, und eine mit dem Bild eines Pferdes verzierte Felswand. Links und rechts ragen die steilen Felswände rund 70 Meter in die Höhe, und an einigen Stellen nähern sich die zerklüfteten Sandsteine über ihren Köpfen einander so dicht an, dass der Himmel nicht mehr zu sehen ist. Was für ein Naturschauspiel! Bis auf das Echo ihrer Stimmen, das die Felsen zurückwerfen, ist es hier totenstill.

Plötzlich verengt sich das Tal. Eine Art Palast mit einer schön verzierten Türöffnung ist hier in den Felsen gehauen. Ein Stück weiter bemerkt Burckhardt einige andere Öffnungen mit sonderbaren Ornamenten. Immer wieder bleibt er stehen und steigt von seinem Pferd ab, um eine der Höhlen und Kammern zu betreten. Begierig saugt er alles in sich auf, mit dem Plan, sich später – ohne den strengen Blicken seines Begleiters ausgesetzt zu sein – ausführliche Notizen zu machen. Fast eine Stunde lang reiten sie durch den Siq, bis sich das dunkle, enge Tal auf einmal weit auftut. Die beiden Reiter finden sich unversehens auf einem sonnendurchfluteten Platz wieder. Die gleißende Helligkeit erschlägt sie geradezu. Als sich Burck-hardt endlich an das grelle Licht gewöhnt hat, bietet sich ihm ein unglaublicher Anblick: Ein riesiges, prachtvoll verziertes Gebäude erstrahlt rot im Schein des Lichts.

Was für ein unfassbar schönes Gebäude ist hier wie aus dem Nichts vor ihnen aufgetaucht! Khazne al-Firaun, »Schatzhaus des Pharaos«, so nennt es der Beduine. Es besitzt die großartigste Fassade, die Burckhardt je gesehen hat, und seine Lage inmitten dieser vergessenen Welt macht es noch zauberhafter und geheimnisvoller. Die in den roten Sandsteinfelsen gehauene Architektur sieht aus, als gehöre sie zu einem kostbaren Palast, sie umfasst zwei Stockwerke, besitzt Säulen, Giebel, Statu-en und einen Rundtempel.

Burckhardt steigt von seinem Pferd und betritt das Innere des Gebäudes. Bei nä-herem Hinsehen stellt sich der Bau als Scheinarchitektur heraus, denn tatsächlich besteht er aus einem einzigen ebenerdigen Raum. All die Pracht der Fassade für solch einen schmucklosen Raum? Fasziniert nimmt Burckhardt das Gebäude in Augenschein, bis der Beduine ihn weitertreibt. Wenn sie noch zum Dschabal Harun, dem Berg Aarons, wollen, müssen sie sich beeilen.

Auf ihrem Weg durch den riesigen Talkessel entdeckt Burckhardt noch viele weitere Gebäude, die allerdings nicht annähernd so prachtvoll sind wie das »Schatzhaus des Pharaos«. Er sieht aufrecht stehende Säulen, ein aus dem Felsen geschlagenes Theater, Treppen, Heiligtümer und vieles mehr. Schließlich haben sie den Dschabal Ha-run erreicht, binden ihre Pferde an und erklimmen den Berg zu Fuß. Je höher sie steigen, umso deutlicher wird die grandiose Lage dieser einmaligen Stadt unter ihnen: mitten in einem von Felsen verborgenen Tal, uneinnehm-bar und kaum zu finden.

Oben angekommen, kommt Burckhardt nun nicht um-hin: Er muss sein angekündigtes Opfer für Aaron bringen und die kleine Ziege muss ihr Leben lassen.

Moses soll hier zusam-men mit dem Volk Israel auf der Flucht aus Ägyp-ten verweilt haben. Der Pharao persönlich habe das »Schatzhaus des Pharaos« errichtet. Sei-nen Namen habe das prachtvolle Gebäude von der Urne, die es bekrönt und in der ein Schatz versteckt sein soll.

Prachtvolles Petra

Heute weiß man, dass sich die Nomadenstäm-me der Nabatu, die von der arabischen Halbinsel kamen, ungefähr im 6. Jahrhundert v. Chr. im Süden des heutigen Jordanien niederließen. Dort, wo sie ihre Stadt gründeten, kreuzten sich mehrere Handelswege, auf denen die kostbars-ten Waren der Welt – Weihrauch, Gewürze und Stoffe – transportiert wurden. Wer hier Handel trieb, konnte innerhalb kurzer Zeit mit guten Gewinnen rechnen. Und tatsächlich: Die Stadt Petra, mit ihren Hunderten von reich verzierten Bauwerken, entstand innerhalb von nur wenigen Jahrzehnten und gelangte zu prachtvoller Blüte. Erst im Jahr 106 n. Chr. gelang es den Römern, das Königreich der Nabatäer zu erobern, und sie machten daraus die römische Provinz Arabia Petraea. Petra aber war nun nicht mehr länger die Hauptstadt, viel zu aufwendig war ihre Be-wirtschaftung und Versorgung, und so verlor sie immer mehr an Bedeutung.

Nach seiner großartigen Entdeckung im Wadi Musa begibt sich Burckhardt zusammen mit einer Gruppe von Händlern auf direktem Weg nach Kairo. Er weiß, dass ihn der Umweg über Petra zwar reich belohnt, aber auch kostbare Zeit gekostet hat. Und tatsächlich kommt er zu spät: Als er im Spätherbst das mehr als 400 Kilometer entfernte Kairo erreicht, ist die Fezzan-Karawane, mit der er an den Niger ziehen wollte, bereits ohne ihn aufgebrochen. Die nächste Karawane wird erst wieder in einem Jahr erwartet. Burckhardt quartiert sich in Kairo ein.

Er nutzt die Zeit für kleinere und größere Expeditionen in die Umgebung. So reist er 1813 weiter den Nil entlang, entdeckt auf dem Weg die im Sand versunkenen Tempel von Abu Simbel, durchquert die Nubische Wüste und verrichtet ein Jahr später die Wallfahrt nach Mekka und Medina. Dann werfen ihn heftige Fieberanfälle und die Ruhr für drei Monate in Medina aufs Krankenlager. Um die Mitte des Jahres 1815 kehrt er nach Kairo zurück, um hier die Karawane zu erwarten, die jedoch Monat um Monat ausbleibt. Er nutzt die Zeit für einen Besuch des Katharinenklosters auf dem Sinai und hilft Giovanni Belzoni beim Transport des überdimensionalen Kopfes von Ramses II. aus dem Memnonium in Theben nach London. Nebenher ordnet Burckhardt seine

- STECKBRIEF -

JOHANN LUDWIG BURCKHARDT

* 25.11. 1784 (Lausanne, Schweiz)
+ 15.10.1817 (Kairo, Ägypten)

Jurist, Orientreisender
In Kürze: Entdecker der
Nabatäerhauptstadt Petra

Die *African Association* entsandte den Schweizer als Forschungsreisenden in den Orient, um neue Handelsrouten zu finden und den Niger zu erforschen. Dorthin gelangte er zwar nie, dafür entdeckte er auf dem Weg nach Kairo die alte Nabatäerhauptstadt Petra. Nach seinem Tod wurde er in Kairo beigesetzt. Der *Association* und der Universität Cambridge vermachte er 350 Notizbücher mit seinen Aufzeichnungen.

Aufzeichnungen, berichtet der *Association* regelmäßig über die Querelen zwischen den Franzosen und den Briten im unruhigen Ägypten und wartet ...

Seinen ursprünglichen Auftrag, die Reise durch die Wüste vom Nil zum Niger, hat Burckhardt nicht mehr erfüllen können. Er erkrankt erneut und erliegt am 15. Oktober 1817 mit nur 32 Jahren seiner schweren Darmentzündung. Wenige Tage später startet die Karawane, auf die Burckhardt vier Jahre lang gewartet hat, Richtung Timbuktu.

Das Grab des tapferen Forschers befindet sich auf dem arabischen Friedhof in der Nähe des alten Stadttors Bab al-Nasr in der Altstadt von Kairo.

Was bleibt?

Der Name Johann Ludwig Burckhardt ist heute vor allem mit der Wiederentdeckung der Nabatäerstadt Petra verbunden. Einige Jahre nach seinem Tod wurde sein Tagebuch gedruckt. Durch diesen Augenzeugenbericht konnten sich die Leser des 19. Jahrhunderts erstmals ein klares Bild vom Orient machen.

Burckhardts Vermutung, die alte Nabatäerstadt Petra entdeckt zu haben, konnte bereits ein Jahr nach seinem Tod von europäischen Wissenschaftlern bestätigt werden. Bereits 1818 kam der erste Archäologe nach Petra, und seitdem ist der Strom von Wissenschaftlern nicht mehr abgerissen. Trotz der Grabungen und Forschungen hat der Ort, der einst 40 000 Menschen beherbergte und sich über rund einen Quadratkilometer im Talkessel des Wadi Musa erstreckte, seine Rätsel noch lange nicht vollständig preisgegeben. So sind beispielsweise von insgesamt 628 Gräbern bis heute noch keine zehn erforscht.

Vieles hat die Jahrhunderte nicht überdauert, jede Spur der vielen Wohnhäuser, die es einst gegeben haben muss, fehlt. Das hatte einen fatalen Irrtum zur Folge: Man glaubte lange, dass es sich bei der Stadt um eine reine Nekropole, eine Begräbnisstätte, gehandelt habe.

Für die westliche Welt war die Stadt in völlige Vergessenheit geraten, bis Burckhardt sie 1812 aus ihrem Dornröschenschlaf erweckte. Seit 1985 gehört Petra zum UNESCO-Weltkulturerbe und zieht jährlich Hunderttausende von Touristen aus aller Welt in ihren Bann.

Ein Riese geht auf Reisen – Giovanni Battista Belzoni und der Transport des Memnonkopfes

Malta im Sommer 1814: Neben dem schmächtigen Ägypter steht ein zwei Meter großer Hüne von 35 Jahren und redet mit volltönender Stimme auf ihn ein. Der Ägypter kann nur mit Mühe verstehen, wovon sein massiges Gegenüber spricht. Offensichtlich geht es darum, wie sich mithilfe eines Wasserrads das Land am Nil bewässern ließe, und dass er, Giovanni Battista Belzoni, eine solche Maschine bauen könne.

Solch ein Gerät, tausendfach gebaut, wäre ein Segen für die Bauern. Der Ägypter ist kein Geringerer als ein Agent Muhammad Ali Paschas, des Herrschers über Ägypten. Er bereist die Mittelmeerländer, um Ingenieure anzuheuern und mit ihrer Hilfe ein neues, technisches Zeitalter im Land am Nil einzuläuten. Einen Mitstreiter hat er soeben gefunden: Der Mann aus Italien scheint genau der Richtige für dieses Unterfangen.

Bisher hat Giovanni Belzoni sein Geld allerdings nicht als Ingenieur, sondern als Zirkusakrobat verdient. Vielleicht ist seine aufsehenerregende Größe der Grund dafür, dass er sich schon als junger Mann zu »Höherem« berufen fühlte, anders jedoch, als es sich seine Eltern für ihn gewünscht hatten: Weder Barbier – wie der Vater – noch Priester hatte er werden wollen. Und schon gar nicht Soldat! Stattdessen hatte der junge Mann Italien ohne Berufsausbildung verlassen, hatte sich in Holland intensiv mit Hydraulik beschäftigt und war dann nach England gegangen.

Zum Glück war Belzoni groß und stark – und starke Männer waren gefragt, zum Beispiel als Varietékünstler und Akrobaten. Schon bald stemmte er als »Samson von Patagonien« Gewichte und zeigte staunenden Zuschauern Zaubertricks. Das Publikum liebte ihn, und nach kurzer Zeit kannte man Belzonis Namen im ganzen Land. Gemeinsam mit Sarah, seiner Frau und Assistentin, ging er als »der Große Belzoni« auf Tournee bis nach Portugal und Spanien. Und eines Tages landete er auf Malta.

Ägyptens Verwaltung versuchte, die europäischen Errungenschaften der Moderne auch in das Land am Nil zu tragen. In Ägypten waren fähige Männer aus Europa gern gesehen und ihre Kenntnisse gefragt.

Genau in diesem Moment – der ägyptische Gesandte hat ihn und Sarah soeben mit feierlicher Stimme nach Kairo eingeladen – kommt ihm die Insel vor wie das Tor nach Ägypten. Die Einladung in die größte Stadt der arabischen Welt scheint ihm wie ein Wink des Schicksals. Gemeinsam mit Sarah macht sich Belzoni also auf den Weg gen Osten, in das Land am Nil. Die Vorführung des Wasserrades vor dem König endet zwar in einer Katastrophe, doch der Gastgeber nimmt den Vorfall gelassen. Der Pascha macht Belzoni mit einem wichtigen Mann bekannt und gibt seinem Leben damit eine spektakuläre Wendung. Henry Salt ist englischer Konsul, der in dem Italiener mit dem technischen Sachverstand und den starken Muskeln den perfekten Mann für ein schwieriges Unterfangen erkennt: Seit einer Ewigkeit liegt in Theben die kolossale, etwa sieben Tonnen schwere Monumentalbüste des jungen Ramses II., auch »Memnonkopf« genannt, herum. Dieses Statuenfragment soll zum Hafen von Alexandria gebracht und eingeschifft werden, denn Salt beabsichtigt, es dem Britischen Museum in London zu schenken. Was Bernardino Drovetti, französischer Konsul in Kairo, für den Louvre in Paris macht, wünscht sich Salt nun von Belzoni für das berühmte Museum in London: ägyptische Antiken zu beschaffen. Bevor also der verhasste Drovetti alle verfügbaren Kunstwerke für Frankreich »reserviert«, soll Belzoni sie so schnell wie möglich an Bord eines englischen Frachters bringen und so vor dem französischen Zugriff bewahren. Eile ist auch sonst geboten: Wenn der Nil erst über die Ufer tritt und den Boden in ein einziges Schlammfeld verwandelt, sollte der Koloss auf dem Schiff sein.

Bisher hat noch niemand den gigantisch großen Memnonkopf auch nur einen Fingerbreit bewegen können. Mr Salt legt Belzoni Zeichnungen vor, die das Problem illustrieren. Ob er glaube, dass der Abtransport gelingen könne, fragt er ihn voller Sorge. Belzoni blickt eine Weile schweigend auf die Pläne. Dann nickt er. Ja, er könne sich vorstellen, die Aufgabe zu bewältigen. Bald darauf reist er nach Theben.

Tatsächlich glückt ihm das Unglaubliche: Mit Seilen, Baumstämmen und 130 Arbeitern zieht er das Ungetüm fast 900 Kilometer von Theben bis nach Alexandria, verlädt es auf das bereitliegende Schiff und lässt den Koloss nach London bringen.

Das ist der Wendepunkt in Belzonis Leben. Von nun an ist er ganz von Ägyptens alter Kunst gefangen genommen. Und in Salt hat er einen Partner, der ihm den Auftrag erteilt, immer neue Antiken zu bergen und sie nach Kairo bzw. auf den Weg nach London zu bringen. Er stößt auf unbekannte Gräber, bereist den Nil, gelangt zur Insel Philae, wo er versehentlich einen Obelisken im Nil versenkt. Er holt ihn wieder hoch, entdeckt die antike Stadt Berenike unter einem Trümmerhaufen und sammelt zahllose weitere Stücke für das Britische Museum. Mit geschultem Blick macht der ehemalige Artist in den nächsten Jahren mehr Funde als viele Archäologen vor ihm. Als besondere Glanzleistung legt er den Eingang zum großen Felsentempel von Abu Simbel frei und dringt in sein Inneres vor.

Doch dabei bleibt es nicht: Seit Napoleon 1798 bis 1801 auf seinem Feldzug durch Ägypten gezogen ist, weiß man von Pharaonengräbern im Tal der Könige. Auf dieses Tal hat es nun auch Belzoni abgesehen, und er macht sich im Herbst des Jahres 1817 dorthin auf den Weg.

Kaum angekommen, macht er sich zunächst daran, das Areal zu erkunden. Dann beginnt er damit, am Fuß eines steil abfallenden Hügels Erde abtragen zu lassen, gefolgt von dem Befehl, unterhalb eines Wadi, eines ausgetrockneten Flussbettes, mit dem Graben zu beginnen. Seine Arbeiter murren über diesen scheinbar unsinnigen Auftrag. Auf aussichtslose Erkundungen, die keine gute Ausbeute bringen, können sie gerne verzichten! Bis zum Abend des ersten Tages bewegen sie widerwillig tonnenweise Erde, und sie behalten zunächst Recht: Von etwas, das nach einem Grab aussieht – keine Spur!

Am nächsten Tag geht die Arbeit weiter, und dann, ungefähr zur Mittagszeit, stoßen sie rund fünf Meter unterhalb der Oberfläche auf eine steinerne Konstruktion. Es ist tatsächlich ein Grab!

Belzoni steigt eine 24-stufige Treppe hinab, lässt die Steine räumen, die den Eingang blockieren, und öffnet die Tür. Sie stehen nun in einer Art langem, schmalem

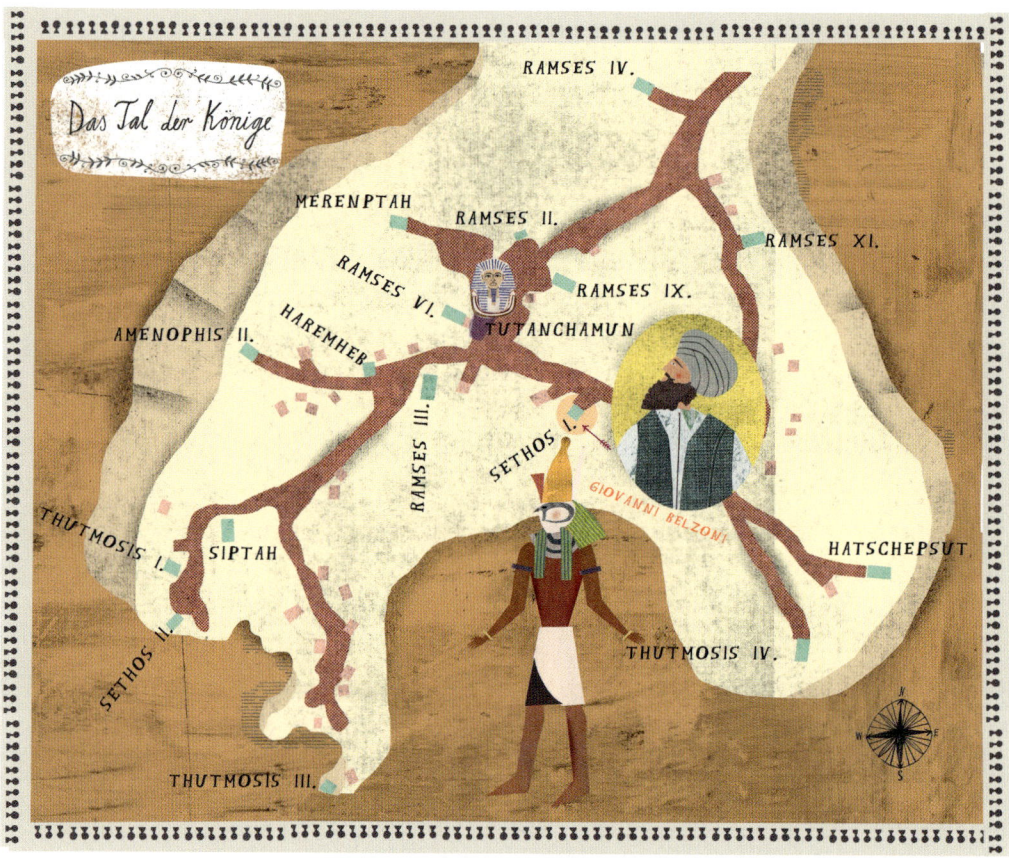

Korridor, der zu beiden Seiten mit Malereien verziert ist. Es ist stockfinster, nur im schwachen Schein ihrer Lampen können sie einige Dekorationen erkennen: An der Decke fliegen Geier, und jeder zweite von ihnen hat einen Schlangenkopf. Einer der folgenden, reich dekorierten Räume sticht schon auf den ersten Blick heraus, er ist größer und wirkt wie ein Festsaal. In seiner Mitte steht eine Art Kiste, fast drei Meter lang, ein Sarkophag, nicht aus Marmor, sondern aus dünnem Alabaster. Obwohl er leer ist, ist Belzoni hingerissen von seiner Schönheit. Stellt man eine Lampe hinein, scheint der Kasten von innen heraus zu leuchten.

Die Entdeckung des Grabes verbreitet sich wie ein Lauffeuer. Und schon bald besucht der Aga von Kenneh das Tal. Wo denn der Schatz sei, will er wissen. Belzoni führt ihn durch die langen verzierten Korridore in die Grabkammer, in deren Mitte der alabasterne Sarkophag steht, auf den er zeigt. Das soll alles sein? Die Grabkammer eines ägyptischen Herrschers, ein leerer Sarkophag und Malereien in den prachtvollsten Farben? All das interessiert den Herrscher nicht, der als wahren Schatz nur Gold, Diamanten und Perlen akzeptiert. Der Aga ist enttäuscht und macht sich umgehend auf die Heimreise.

Das neu entdeckte Grab erhält zunächst den Namen »Belzonis Grab«. Seit Hieroglyphen entziffert werden können, bezeichnen die Ägyptologen es inzwischen korrekt als das Grab Sethos' I., der von 1290 bis 1279 v. Chr. regierte.

Innerhalb von rund zehn Tagen entdeckt Belzoni im Tal der Könige über zehn weitere Gräber. Mit seinen Bemalungen und seinem außergewöhnlichen Alabastersarkophag gilt das Grab Sethos' I., des Vaters von Ramses II., bis heute als eines der schönsten und bedeutendsten ägyptischen Gräber überhaupt. Mehr als zwölf Monate verwendet Belzoni auf seine Untersuchung und fertigt Zeichnungen und Wachsabgüsse an. Damit stellt er sich ganz in die Tradition der Wissenschaftler der Ägyptenexpedition Napoleons: Er dokumentiert detailliert das Aussehen des Fundes. Und im Unterschied zu manch einem Zeitgenossen verwendet er keine Unmengen an Sprengstoff, um sich Zugang zu Gräbern oder Pyramiden zu verschaffen. Ihm reicht sein inzwischen geschulter Blick, mit dem er ungewöhnliche Konstruktionen und die auffälligen Spuren versickernden Wassers, die auf eine Grabstätte hindeuten, auf Anhieb erkennt.

Zurück in Europa, zeigt Belzoni seine Entdeckungen am Modell des riesigen Grabes in London und Paris, und gemeinsam mit Sarah liefert er den Besuchern grandiose Unterhaltungsshows. Außerdem präsentiert er originale Stücke, so zum Beispiel Mumien, ägyptische Töpferware und andere Dinge des täglichen altägyptischen Lebens und seine Zeichnungen der Grabreliefs. Zur großen Freude des Publikums werden während dieser Veranstaltungen originale altägyptische Gebrauchsgegenstände wie Sandalen verkauft. Belzoni, der ehemalige Zirkusmann, weiß sein Publikum zu begeistern.

Im Jahr 1822, nach zwei Jahren in England, packt Belzoni erneut die Abenteuerlust. Doch nicht ins Tal der Könige zieht es ihn, nun bricht er nach Zentralafrika auf,

Ägyptenbegeisterung in Europa

Belzonis Entdeckung fiel in eine Zeit, als Ägypten gerade erst in der westlichen Welt bekannt wurde. Napoleons Expedition war weniger ein militärischer Erfolg gewesen als vielmehr ein wissenschaftlicher, dem ganz Europa durch breit angelegte Studien erstmals konkretes Wissen über das Land am Nil verdankte. Danach begann ein Wettlauf um die prächtigsten Kunstwerke vor allem zwischen den großen Nationen dieser Zeit: Frankreich und England. Zwar wusste Belzoni nicht, wessen Grab er entdeckt hatte, doch tat das der Ägyptenbegeisterung in Europa keinen Abbruch. Nicht nur mit dem »Belzoni-Sarkophag«, noch mehr mit seinen Husarenstücken wie dem geglückten Diebstahl des Ramses-Kopfes, den er Frankreich vor der Nase weggeschnappt hatte, machte er von sich reden.

um die Quellen des Niger zu suchen. Dort erkrankt er an der Ruhr und verstirbt am 3. Dezember 1823 mit nur 45 Jahren in Gwato/Benin, wo er auch bestattet wird. Sein Grab gerät in Vergessenheit und ist bereits nach wenigen Jahren nicht mehr auffindbar. Sarah überlebt ihren Mann um fast 50 Jahre.

Was bleibt?

Bis heute gilt Giovanni Belzoni als einer der großen Pioniere der Archäologie. Gleichzeitig wird ihm vorgeworfen, vor allem ein Meister im Plündern und beim Wettrennen der Nationen um die ägyptischen Kunstwerke besonders aktiv gewesen zu sein. Das stimmt zwar, doch hat er auch in Europa das Interesse an ägyptischen Kunstwerken überhaupt erst geweckt. Antikenliebhaber und Museen waren plötzlich bereit, viel Geld für altägyptische Fundstücke zu zahlen. Die Ägypter verkauften nun die überall herumliegenden Steine und Mumien, die in ihren Augen nur wertloser Plunder waren und allenfalls deshalb Wert besaßen, weil man sie zu Kalk verbrennen oder verheizen konnte. Zeit seines Lebens erntete Belzoni weder Dank noch wurde er reich. Erst spätere Archäologen, darunter Howard Carter, erkannten, welche Leistungen er für die Ägyptologie erbracht hat. Das Grab des Sethos wurde zu einer der größten Touristenattraktionen im Tal der Könige. Um die Malereien nicht völlig der Zerstörung preiszugeben, wurde es 1978 für Besuchergruppen geschlossen. Sowohl der Memnonkopf als auch der Alabaster-Sarkophag sind bis heute in Londoner Museen zu bewundern.

Schon die ersten Berichte, Bilder und Kunstgegenstände hatten in Europa eine ungeheure Ägyptenbegeisterung zur Folge: Alles Ägyptische wurde modern, man kleidete und gab sich ägyptisch und besuchte öffentliche Mumienenthüllungen.

— STECKBRIEF —
GIOVANNI BATTISTA BELZONI
* 15.11.1778 (Padua, Italien)
+ 3.12.1823 (Gwato, Benin)
Zirkusartist, Erfinder, Raubgräber
In Kürze: Begründer der wissenschaftlichen Ägyptologie

Belzoni verließ als junger Mann seine Heimat, arbeitete als Artist und Erfinder und kam nach Ägypten, wo er Antiken für das Britische Museum in London verschiffte. Obwohl er wie andere Ausgräber seiner Zeit kostbare Funde außer Landes schaffte, erwarb er sich den Ruf als Begründer der wissenschaftlichen Ägyptologie: Er beschrieb und vermaß genau, was er fand, und veröffentliche detaillierte Grabungsberichte.

Magische Zeichen – Jean-François Champollion und die Entschlüsselung der Hieroglyphen

Figeac, Frankreich, im Jahr 1790: Es ist eine kalte Winternacht. Der 23. Dezember ist gerade angebrochen und Schneeflocken fallen auf den kleinen Ort. Um diese Zeit schlafen fast alle Einwohner des so idyllisch daliegenden Städtchens. Eine ganz gewöhnliche Nacht, so könnte man glauben, wenn nicht seit einem Jahr eine Revolution das Land erschütterte, die die Menschen in Angst und Schrecken versetzt und manch einem nicht nur den Schlaf raubt.

In einem der Häuser flackert noch Licht. Hier wohnt der Buchhändler Jacques Champollion mit seiner Familie, nur wenige Schritte vom Zentrum des Ortes entfernt. Auch in diesem Haus sieht man sorgenvolle Gesichter, doch denkt hier niemand an die Geschehnisse draußen im Land. Die Gedanken der Anwesenden gelten allein der Hausherrin, Madame Jeanne-Françoise Champollion, die in dieser Nacht ihr siebtes Kind zur Welt bringt. In der ersten Etage des Hauses läuft ihr Mann unruhig auf und ab, die Stirn von Sorgenfalten gefurcht. Zwei Kinder mussten sie bereits zu Grabe tragen. Hoffentlich würde diesmal alles gut gehen! Madame Champollion liegt in ihrem Zimmer auf einem großen Bett, nur die Hebamme ist bei ihr. Schon Hunderten von Frauen hat sie während der Geburt beigestanden, und auch dieses Kind wird sie gesund auf die Welt bringen. Und tatsächlich: Wenig später hält die Hebamme einen bildhübschen Jungen in den Armen. Als Monsieur Champollion das Schlafzimmer betritt, gilt sein erster Blick seiner Frau, dann wendet er sich dem schreienden Etwas zu und betrachtet es gedankenverloren.

Ist es wirklich gerade erst elf Monate her, dass seine Frau apathisch im Bett gelegen hatte? Alle herbeigerufenen Ärzte sagten ihren sicheren Tod voraus. In seiner Verzweiflung hatte Monsieur Champollion einen Mann namens Jacquou kommen lassen, den alle, die seine Künste kannten, nur den »Zauberer« nannten. Jacquou hatte die Geburt eines Sohnes prophezeit, dessen Ruhm die kommenden Jahrhunderte überdauern würde.

In den nächsten Jahren üben auch in Figeac die Jakobiner ihre Schreckensherrschaft aus. Sicherheitshalber sorgen die Champollions dafür, dass insbesondere ihr Jüngster, den sie Jean-François genannt haben, das Haus nicht verlässt.

Damit ist 1794 glücklicherweise Schluss, nachdem der Anführer der Jakobiner, Robespierre, selbst unter der Guillotine sein Ende gefunden hat. Als 1798 die Schule in Figeac wiedereröffnet, wird aus Jean-François nun endlich ein Schüler. Schreiben und Lesen hat sich der wissensdurstige Siebenjährige bereits selbst beigebracht, dazu hatte er in dem mit Büchern reich ausgestatteten Haus des Vaters manche Gelegenheit. Auch in den nächsten Jahren verfolgt der Junge mit wachem Interesse alles, was um ihn herum passiert. Jacques-Joseph, der ältere Bruder und ein glühender Napoleon-Bewunderer, schwärmt dem Jüngeren in den schillerndsten Farben von Ägypten vor, einem Land, das auch er nur vom Hörensagen kennt. Der Ältere setzt alles daran, Soldat zu werden und gemeinsam mit Napoleons Truppen das ferne Land seiner Träume zu erobern. Was für eine herbe Enttäuschung, als er erfährt, dass er für das Militär nicht geeignet ist. Seiner Ägyptenliebe tut das allerdings keinen Abbruch, er ist begierig darauf, so viel wie möglich über das Land am Nil in Erfahrung zu bringen. Der *Courrier de l'Égypte*, eine Fachzeitung über Ägypten, hält ihn über neue Entdeckungen auf dem Laufenden. Und so erfahren er und bald auch alle anderen im Hause Champollion im September des Jahres 1799 von einem sensationellen Fund im fernen Land am Nil, der auch den Jüngsten, Jean-François, in gespannte Erwartung versetzt.

Schon seit einem Jahr ziehen Napoleons Truppen durch Ägypten, um eine alternative Route nach Indien, das unter britischer Verwaltung steht, zu sichern. Zwar hat Napoleon, der nach Ende der Jakobinerherrschaft die Macht an sich gerissen hatte, Malta, Alexandria, Kairo und Ägypten erobert, doch bereits kurz danach trägt die britische Flotte einen gewaltigen Sieg über ihn bei Abukir davon, und nun sitzt Napoleon mit seinen Truppen am Nil fest. Glücklicherweise begleiten den Feldherrn nicht nur kampfbereite Soldaten, sondern auch ein ganzes Heer an Archäologen, Historikern, Naturwissenschaftlern und Künstlern, die dafür sorgen, dass aus seiner missglückten Ägypten-Expedition letztlich doch ein Erfolg wird.

Napoleons Ägyptenfeldzug (1798–1801) sah nicht nur eine militärische Eroberung, sondern auch eine wissenschaftliche Erforschung des Landes vor. Wer den Feldherrn als Wissenschaftler oder Künstler begleitete, musste ähnlichen Strapazen wie ein Soldat gewachsen sein.

An einem heißen Augusttag im Jahr 1799 ereignet sich Erstaunliches: Der französische Offizier Pierre Bouchard lässt seine Soldaten an diesem Tag unweit des Ortes Rosetta arbeiten. Sein Befehl lautet: »Baumaterial suchen!«, und so buddeln die Männer eifrig alles aus, was ihnen vor die Schaufeln und in die Finger kommt. Dabei stößt einer von ihnen auf eine stark beschädigte Tafel aus dunkelgrauem Granit. Es ist unschwer zu erkennen, dass dieser Stein ursprünglich einmal eine rechteckige Form besessen hat. Das Besondere an diesem Stein – das erkennt Bouchard, der eilig herbeigerufen wird – sind die Inschriften, mit denen seine Vorderseite bedeckt ist. Drei verschiedene rätselhafte Inschriften kann man darauf erkennen: im oberen Bereich Hieroglyphen, darunter Demotisch, die altägyptische »Urkundenschrift«, und im unteren Drittel Altgriechisch. Sofort wird die Tafel ins gerade erst gegründete *Institut d'Égypte* nach Kairo gebracht, und nachdem sie von Sand und Staub befreit worden ist, macht man sich daran, sie abzuzeichnen, Wachsabdrücke anzufertigen und die Kopien nach Frankreich zu schicken. Auch die Wissenschaftler aus Napoleons Truppe nehmen den Stein nun genauer unter die Lupe und staunen nicht schlecht, als ihnen die Bedeutung dieses einzigartigen Fundes bewusst wird. Allein das Altgriechische ist bekannt, damit ist dieser Text problemlos und vollständig lesbar. Sollte allen drei Inschriften womöglich derselbe Text zugrundeliegen? Dann könnte die Entzifferung der Hieroglyphen rasch gelingen!

Doch in den folgenden Monaten beißen sich zahlreiche Wissenschaftler die Zähne aus an diesem Stein, der »Rosettana«. Einfach wird das ganze Unterfangen nicht, das ist bald klar. Obwohl nach und nach die Bedeutung des einen oder anderen Zeichens erkannt wird, bleibt die Hieroglyphenschrift noch für viele Jahre ein Geheimnis.

Als Jean-François zehn Jahre alt ist, nimmt ihn sein älterer Bruder Jacques-Joseph mit nach Grenoble, raus aus Figeac, dem kleinen Ort, der ihm nichts Neues und Anregendes mehr zu bieten hat. Auf der dortigen Schule macht er sich schon bald so gut, dass er die Erlaubnis erhält, nach Griechisch und Latein auch noch Hebräisch, Arabisch, Syrisch und andere Sprachen zu lernen. Und so beherrscht das Sprachgenie schon in jungen Jahren mehr als zwölf Sprachen fließend.

In Grenoble erhält er Unterricht bei Joseph Fourier, einem Mathematiker, der als Forscher an dem ägyptischen Feldzug teilgenommen hatte. In dessen privater Sammlung ägyptischer Antiken steht der Junge nun erstmals vor echten Hieroglyphen.

Man weiß in Europa nur wenig über die geheimnisvollen Zeichen. Kopien, Abschriften oder gar Originale sind kaum vorhanden. Dass die alten Ägypter eine Schrift besaßen, ist bei einigen antiken Schriftstellern wie Herodot und Strabo nachzulesen. Doch als die ihre Texte verfassten, war die Bedeutung von Hieroglyphen schon längst in Vergessenheit geraten.

Der Forscher Carsten Niebuhr hatte rund 30 Jahre vor der Entdeckung der Rosettana von seinen Reisen durch Arabien Abschriften der geheimnisvollen Zeichen der Ägypter mit nach Europa gebracht. Seinem Beispiel war jedoch kaum jemand gefolgt. Man versteht um 1800 Hieroglyphen als Symbole, die geheimnisvolle Wahrheiten bergen, die gar nicht entschlüsselt werden können – nicht als Text mit konkreter Bedeutung.

- STECKBRIEF -

JEAN-FRANÇOIS CHAMPOLLION

* 23.12.1790 (Figeac, Frankreich)
+ 4.3.1832 (Paris, Frankreich)

Sprachwissenschaftler
In Kürze: Entzifferer der
ägyptischen Hieroglyphen

Bereits als Kind erklärte das Sprachgenie, das in einer Zeit der Ägyptenbegeisterung aufwuchs, dass er einmal die Hieroglyphen entziffern werde. Mithilfe der Vorarbeit anderer Wissenschaftler gelangte er 1822 an sein ersehntes Ziel. Er starb, 41-jährig, nach unermüdlicher, fieberhafter Arbeit an den Folgen eines Schlaganfalls in Paris.

Dennoch stürzten sich einzelne Wissenschaftler immer wieder mit verbissenem Elan auf die Hieroglyphen. Athanasius Kircher erklärte 1643, lange vor der Rosettana, das Altägyptische und das Koptische für miteinander verwandt. (Wie richtig er damit liegt! Auch wenn das in späterer Zeit gelegentlich angezweifelt wird.)

Noch bevor der Stein von Rosetta 1801 an die Engländer übergeben wird und ins Britische Museum nach London wandert, untersucht ihn der berühmte französische Orientalist Silvestre de Sacy. Der Wissenschaftler gibt allerdings bereits nach kurzer Zeit verzweifelt auf.

Auch der schwedische Diplomat Johan David Åkerblad, ein Schüler von de Sacy, widmet sich 1802 der Entzifferung der Inschriften. Er sieht sich die Namen des griechischen Textes an und sucht ihre Entsprechungen im demotischen Abschnitt. Hier kann er viele Namen lesen, doch seine Forschungen führen ins Leere, weil er die demotische Schrift für eine alphabetische hält. Zur selben Zeit kommt der englische Gelehrte Thomas Young einen Schritt weiter: Er erkennt zum Beispiel, dass die Kartuschen der Hieroglyphen immer Königsnamen enthalten, und identifiziert erstmals den Namen »Ptolemaios«. Aber, so sein abschließendes Urteil nach jahrelangen Mühen, wirklich lesen oder gar übersetzen könne man Hieroglyphen nicht. Doch nun tritt das junge Sprachgenie auf den Plan.

Im Jahre 1808 wird Jean-François Schüler von de Sacy in Paris. Hier in der Hauptstadt hat er die Möglichkeit, die Abgüsse des Rosetta-Originals genauestens zu studieren, und ein Jahr später hat er 15 demotische Zeichen der Inschrift richtig übersetzt. Von nun an lässt ihn der Stein von Rosetta, der die Entschlüsselung der Hieroglyphen verspricht, nicht mehr los.

1810 wird Champollion zum Professor für Alte Geschichte in Grenoble ernannt,

Kartuschen, auch Königsringe genannt, finden sich viele auf dem Stein von Rosetta: längliche Kreise als Zierrahmen, die die Namen von ägyptischen Königen umgeben und sie damit als etwas ganz Besonderes kennzeichnen.

mit 19 Jahren ist er damit der jüngste Geschichtsprofessor Europas. Er lehrt und forscht und macht mit den Hieroglyphen dort weiter, wo Young aufgehört hat. Er vergleicht die ägyptischen Zeichen in den Kartuschen mit den Königsnamen »Ptolemaios« und »Kleopatra« im griechischen Text. Und tatsächlich: Er erkennt Regelmäßigkeiten und entwickelt Schritt für Schritt ein Alphabet der Glyphen, notiert links das Zeichen, rechts den phonetischen Klang, also die Aussprache. Genau wie schon Kircher lange vor ihm vermutet er, dass das Koptische und die Hieroglyphen miteinander verwandt sind und dass sich das Koptische aus den Hieroglyphen entwickelt hat. Er kann inzwischen auch Koptisch lesen und sprechen, das heißt, er kann jedem einzelnen Zeichen einen Laut zuordnen, was ihm die Arbeit erleichtert. Er nimmt sich die Zeichnung einer Kartusche vor, die Belzoni in Abu Simbel entdeckt hat. So viel hatte schon Young klar erkannt: In Kartuschen sind immer die Namen von Herrschern verzeichnet. Es besteht also die Möglichkeit, einen dieser Namen aufgrund des Fundortes zu ermitteln. Die erste Glyphe in dieser Kartusche ist ein Kreis mit einem Punkt in der Mitte. Champollion überlegt: Könnte das eine Sonne sein? Das koptische Wort für Sonne ist »Ra«. Es folgt ein unbekanntes Zeichen, danach ein »s« und noch ein »s«. Er notiert: Ra / – / s / s. Ihm wird heiß und kalt: Die Hieroglyphen, die er gerade entziffert hat, bilden den Pharaonennamen Ramses, der bereits aus griechischen Schriftquellen bekannt ist. Das ist der entscheidende Schritt! Und jetzt hat er den Beweis: Die Hieroglyphen wurden nicht nur als Bilder, sondern auch phonetisch verwendet. Sie wurden auch gesprochen! Aufgeregt begibt er sich zu seinem Bruder, stößt kaum verständlich »Ich hab's geschafft!« aus und bricht ohnmächtig zusammen.

Auf ähnliche Weise gelingt es ihm nun, zahllose Inschriften zu entschlüsseln. Nach zwei Jahren hat er die Sprache der alten Ägypter wieder zum Leben erweckt.

In den nächsten Jahren unternimmt er ausgedehnte Reisen, forscht längere Zeit in Italien und in Ägypten. Er

Eine von Champollions wichtigen Entdeckungen: Hieroglyphen wurden nicht nur als Bildsprache verwendet, wie bisher angenommen, sondern auch »phonetisch«, sie wurden also auch gesprochen!

Der Stein von Rosetta

Der schwarze Basaltstein wurde 1799 bei Rosette an der westlichen Nilmündung gefunden. Er ist 112 Zentimeter hoch, 76 Zentimeter breit, 28 Zentimeter dick und war Teil einer aufrecht stehenden Stele. Er weist drei Abschnitte auf, jeder von ihnen mit einer anderen Schrift. Der Text beschreibt die Wohltaten König Ptolemäus V. Epiphanes aus dem Jahr 196 v. Chr. und war eine Art steinernes »Plakat«. Damit jeder ihn verstehen konnte, war der Text in drei Sprachen verfasst: Altgriechisch verstand jeder gebildete Bürger Ägyptens. Hieroglyphen waren die Schrift der Priester. Für den täglichen Gebrauch war diese Schrift zu kompliziert, und so kürzte man sie ab, woraus das Demotische, die »Volksschrift«, entstand. Da die Engländer Napoleons militärische Aktion in Ägypten beendeten, kam der Stein nach England, wo er bis heute im *British Museum*, London, zu sehen ist.

arbeitet ununterbrochen und vollkommen rastlos.

Am Morgen des 12. Januar 1832 sitzt Champollion an seinem Schreibtisch zu Hause in Paris. Mehrere Monate zuvor hatte er, der immer an seine Grenzen und darüber hinaus gegangen war, einen Schlaganfall erlitten. Er glaubt sich auf dem Weg der Genesung, doch das ist ein bitterer Irrtum: Plötzlich schreit er auf und bricht zusammen. Von nun an schwinden seine Kräfte schnell und unaufhaltsam, doch für kurze Zeit erlangt er noch einmal das

Bewusstsein zurück. Er wünscht sich, mehrere ägyptische Gegenstände aus seinem Arbeitszimmer zu sehen, ein letztes Mal wendet er seinen Blick auf das Land, das ihn so sehr gefangen gehalten hat. Am frühen Morgen des 4. März 1832 stirbt Champollion im Alter von nur 41 Jahren.

Was bleibt?

Jean-François Champollion ist es zu verdanken, dass Hieroglyphen entschlüsselt werden konnten und das Alte Ägypten aus seinem Jahrtausende dauernden Dornröschenschlaf erweckt wurde. Sicher wäre ihm die Entdeckung ohne die Vorarbeiten anderer Wissenschaftler wie Thomas Young nicht geglückt, deren Anteil an der Entzifferung manchmal nicht genügend gewürdigt wird. Champollion hinterließ alle Aufzeichnungen seinem Bruder, mit dem er zeit seines Lebens eng verbunden war. Dieser sorgte dafür, dass sein Nachlass publiziert wurde. Erst durch die Lesbarkeit der Hieroglyphen konnte die Welt Ägyptens systematisch erforscht werden – eine Aufgabe, die Ägyptologen bis heute in Atem hält.

Eine Stadt für 50 Dollar – John Lloyd Stephens und Frederick Catherwood entdecken die alten Stätten der Maya

Im mittelamerikanischen Dschungel von Belize im Jahre 1839: Der Tod geht um in Copán, dem Ort, den Stephens und Catherwood zum Ziel ihrer Expedition erkoren haben. Doch trotz der dort wütenden Malaria machen sich die beiden Männer von Belize kommend auf den Weg. Sie bezweifeln, ob sie die Ruinenstätte jemals lebend erreichen werden. »Wir schleppten uns durch Schlammlöcher, zwängten uns durch Rinnen, stießen an Bäume und stolperten über Wurzeln; jeder Schritt erforderte große Vorsicht und körperliche Anstrengung; ... ich hatte den Eindruck, dass unsere unrühmliche Grabinschrift heißen müsste: ›Über den Kopf eines Maultieres geschleudert, den Schädel am Stamm eines Mahagonibaums eingeschlagen und begraben im Schlamm‹ ...«

Wer sind die beiden Männer, die sich aufgemacht haben, um unter Lebensgefahr den mittelamerikanischen Dschungel zu durchqueren?

Der eine ist Frederick Catherwood, 1799 in London geboren. In der Schule begeisterten ihn Sprachen: Arabisch, Griechisch, Italienisch und Hebräisch lernte er mit Leichtigkeit. Daneben war das Zeichnen seine große Leidenschaft. Darin war er so gut, dass er bereits als Schüler Kurse an der *Royal Academy* in London belegen durfte. Hier bekam er erstmals Zeichnungen des Italieners Giovanni Battista Piranesi zu sehen, der die Pracht römischer Ruinen auf ganz unvergleichliche Weise festgehalten hatte, und seine Begeisterung für Archäologie war damit geweckt. So bereiste der junge Catherwood bald darauf Rom, das ihn vom ersten Augenblick an derart gefangen nahm, dass er sich zum Bleiben und zur Beschäftigung mit der Architektur entschloss. Gelegentlich arbeitete er für Elizabeth, die Herzogin von Devonshire, die als Mäzenin Ausgrabungen auf dem Forum Romanum finanzierte. Mit nur wenigen Spatenstichen konnte man hier in die jahrtausendealte Geschichte Roms vordringen, eine unglaubliche Erfahrung! Um in Ruhe die Fundstücke zeichnen zu können,

musste Catherwood immer wieder die Kühe vertrei-
ben, die inmitten der Stadt weideten. Nach seinem

Aufenthalt in der faszinierenden Stadt zog er weiter nach Griechenland, ein Muss
für einen Architekturstudenten in dieser Zeit, um auch hier die antiken Bauwerke
zu erkunden und zu zeichnen. Er befand sich dabei in guter Gesellschaft: Erst wenige Jahre zuvor hatte der Earl of Elgin den Figurenfries des Parthenon von Athen
nach London gebracht, und auch Catherwood gehörte zu den ersten Künstler-Ar-
chäologen im Lande, die den Antiken eine ganz neue Aufmerksamkeit schenkten.
Bald danach erkundete er während einer Nilreise das fast unbekannte Ägypten, in
das es zu dieser Zeit erst wenige Gelehrte verschlagen hatte, zeichnete alle Ruinen,
die er finden konnte, und gehörte damit zu den Ersten, die das systematisch taten.
In den folgenden Jahren machte er kaum etwas anderes, reiste weiter über die Sinai-
Halbinsel nach Jerusalem und vermaß und zeichnete als Erster die Al-Aqsa-Moschee
und den Felsendom, zwei der wichtigsten Heiligtümer des Islam. Ein nicht ganz
ungefährliches Unterfangen, denn christliche »Ungläubige« wie er riskierten ihr
Leben, wenn sie derartige Gebäude überhaupt nur betraten. Immer dabei: seine
Camera Lucida, mit deren Hilfe er ein atemberaubendes, von hinten beleuchtetes

Panorama, einen Blick über die gesamte Stadt Jerusalem, zeichnete, das bei späteren Ausstellungen in London und New York die Menschen in Begeisterung versetzte. Zwar mehrte das nicht seinen Ruhm, zumal das Panorama in New York einem verheerenden Feuer zum Opfer fiel, dennoch brachte es ihn an eine Wende seines Lebens: Er lernte Stephens kennen. Auch wenn er ihn in diesem Moment auf ihrem halsbrecherischen Ritt durch den Dschungel wieder einmal verflucht, verdankt er ihm doch gleichzeitig das wohl größte Abenteuer seines Lebens.

John Lloyd Stephens, der andere Abenteurer, wurde 1805 geboren und wuchs in New York auf, das zu jener Zeit mit seiner Einwohnerzahl von 80 000 Menschen noch eine überschaubare Stadt war, aber schon weltoffen und ein guter Platz zum Leben für einen neugierigen Jungen wie John. Jurist sollte er werden. Als er dann allerdings eine nicht mehr abklingende Halsentzündung bekam, riet ihm sein Arzt zu einer Reise nach Europa. Das war für den gebildeten Stephens schon damals gleichbedeutend mit Rom, Sizilien, Griechenland, mit der Antike und Homer.

Den Zweck seiner Reise, seine lästigen Halsschmerzen zu kurieren, verlor der junge Mann schon bald aus den Augen. Stattdessen entdeckte er hier seine Begeisterung für all jene alten Kulturen, von denen er schon so viel gehört hatte. Eines Tages ließ ein Bekannter eine Bemerkung über Mittelamerika fallen und öffnete damit Johns Augen für all die Schätze, die sein heimatlicher Kontinent verborgen hielt: »Das ist ein ganz unerforschtes Feld, wo es zahlreiche Objekte für all die gibt, die an zerstörten Städten, Tempeln und anderen Kunstwerken interessiert sind.« Stephens begann nun, von versunkenen Städten zu lesen, von untergegangenen Kulturen; von einem Palenque war die Rede und von Uxmal. Und dann las er über Copán. Als »mexikanisch« wurden diese Orte bezeichnet. Ob es sich bei den Erbauern um Angehörige einer indianischen Kultur handelte? Das konnte allerdings nur annehmen, wer in den »Indianern« keine unzivilisierten barbarischen Wilden sah, wie es fast alle weißen Amerikaner taten. Wer aber hatte dann das gebaut, was im Dschungel zu finden sein sollte – manche Forscher stellten die Existenz dieser Orte rundheraus infrage – und sich angeblich über eine Fläche erstreckte, die so groß war wie das Alte Ägypten? Andere bekannte Hochkulturen wie die Ägypter? Chinesen? Die verschollenen Stämme Israels? Alles und jeder schien infrage zu kommen, nur nicht »Indianer«.

Mittelamerika galt zu dieser Zeit noch als völlig unerforschtes Feld.

Genau das wollte Stephens erkunden. In dieser Zeit lernte er Catherwood kennen; sie teilten die Begeisterung für Antiken und waren sich auf Anhieb sympathisch. Nachdem Stephens mit strahlenden Augen von den geheimnisvollen mexikanischen Funden erzählt hatte, stand für beide Männer fest: Diese Orte wollten sie gemeinsam erkunden. Also auf nach Mittelamerika!

Nun sind sie schon seit Tagen unterwegs. Die Kleidung starrt vor Dreck, und immer wieder passiert es, dass einer der beiden vom stolpernden Maultier stürzt. Sie reiten durch tiefen Dschungel, endlose Wildnis, vorbei an erloschenen Vulkanen, Feldern von Bananen und Mais, an Farmen mit Cochenille-Schildläusen, und nach einer lebensbedrohlichen Begegnung mit einem Offizier, der sie um ein Haar erschießt und für mehrere Stunden ins Gefängnis sperrt, erreichen die beiden Männer endlich das Ziel ihrer Reise: das Dorf Copán, bestehend aus einem Dutzend kleiner Hütten.

Wo aber sind die Ruinen, von denen sie gehört haben und derentwegen sie den beschwerlichen Marsch überhaupt auf sich genommen haben? Die Dorfbewohner

versammeln sich und bestaunen unter Gelächter die Männer und ihr Gepäck, das unter anderem aus seltsamen Vermessungsgeräten und Klappbetten besteht. Auf ihre Frage nach den Ruinen dämmert es einem jungen Mann, wonach die Reisenden suchen. Alte Steine? Ja, er könne sie dorthin führen.

Am nächsten Morgen folgen sie ihrem Führer, der mit seiner Machete eine Bahn durch den dichten Wald schlägt. Ihr Weg führt sie durch ein Dickicht aus Schlingpflanzen. Und tatsächlich: Plötzlich stehen sie inmitten einer Ansammlung behauener Steine. Auf einem rechteckigen Platz entdecken sie riesige steinerne Säulen, die sich mehrere Meter über den Boden erheben und deren eine von oben bis unten mit Figuren übersät ist. Vorne ist ein Mann zu sehen, seltsam gekleidet und mit strengem Gesicht. Die

Copán war eine der vier größten Städte der Maya-Kultur. Zur Zeit ihrer Entdeckung ahnte man das noch nicht und wusste auch sonst nicht viel über die Kultur der amerikanischen Ureinwohner.

Seiten sind mit fremdartigen Zeichen bedeckt und unterscheiden sich von allem, was Catherwood und Stephens je gesehen haben. Doch der Fund dieses Monumentes beweist endlich, dass sie auf ihrer Suche nach Relikten aus der Vergangenheit nicht nur Hirngespinsten hinterherjagen und dass die Werke dieses unbekannten Volkes auch von künstlerischer Bedeutung sind.

»Die Historiker sagen, Amerika sei von ›Wilden‹ bevölkert gewesen, aber Wilde haben niemals diese Steine gemeißelt ...«, urteilt Stephens, und Mr Cat, wie er seinen Gefährten nennt, nickt zustimmend. Ihr Führer begleitet die beiden Männer zu 13 weiteren halb versunkenen Denkmälern, von denen manche so überwältigend auf sie wirken, als würden sie zum ersten Mal die ägyptischen Pyramiden betrachten. Auch die Stimmung im Dschungel trägt ihren Teil zu diesem Eindruck bei: Die einzigen Laute, die das Schweigen der untergegangenen Stadt stören, sind das Lärmen der Affen, die zwischen den Wipfeln der Bäume umherspringen. Die Trümmerstadt eines verschwundenen Volkes (dass es sich um die Kultur der Maya handelt, ahnen sie natürlich noch nicht) liegt vor ihnen wie ein auf Grund gelaufenes Schiff. Die Maste sind verloren, der Name vergessen, die Besatzung verschollen, keiner weiß zu sagen, woher es kam, wem es gehörte und was der Grund des Untergangs war. Aber diese Ruinen können vielleicht das Rätsel dieser versunkenen Stadt lösen. Und wenn dieser Ort existiert, dann werden sie womöglich auch andere Orte dieser Kultur entdecken!

Erst spät am Abend kehren sie in das Dorf Copán zurück. Am nächsten Morgen setzen die beiden Männer die Bewohner des kleinen Ortes erneut durch ihr merkwürdiges Tun und Treiben in Erstaunen, ganz besonders durch das Bürsten ihrer Zähne; etwas so Seltsames hat hier bisher niemand gesehen ...

Bevor sie erneut in den Urwald aufbrechen, steht plötzlich ein wild gestikulierender Mann vor ihnen, der sich als Don José Maria Asebedo vorstellt und erklärt, er sei der Besitzer der »Götzen«, der Ruinen im Dickicht. Niemand

Die Maya-Kultur

Die Maya waren ein Volk in Mittelamerika, das ein Gebiet am Golf von Mexiko etwa von der Größe Deutschlands bewohnte und deren Reich aus mehreren »Fürstentümern« bestand. Es lebte hier, lange bevor Amerika von Europa »entdeckt« und erobert wurde, es ist also ein »indigenes« Volk. Ihre hoch entwickelte Kultur brachte Meisterleistungen hervor, in der Mathematik beispielsweise, aber auch im Bau von prachtvollen Städten, deren Häuser bereits ein ausgeklügeltes Kanalisationssystem besaßen. Bis heute gibt diese Kultur den Forschern Rätsel auf: Warum erbauten sie Städte mit Tempeln und Straßen, um diese nach nur wenigen Jahren wieder zu verlassen? Warum verschwand die Maya-Kultur plötzlich und hinterließ nur Ruinen im Dschungel? Je mehr über die Maya bekannt wird, umso mehr Fragen tauchen auf, die die Wissenschaftler auch in Zukunft beschäftigen werden.

dürfe ohne seine Erlaubnis dorthin gehen oder irgendetwas mit den alten Steinen machen, und während er noch auf die erstaunten Männer einredet, zieht er eine Besitzurkunde hervor, die seine Worte bestätigt. Sollte all der Aufwand, den Stephens und Catherwood betrieben haben, umsonst gewesen sein? Doch Don José schlägt den beiden Männern einen Handel vor: Der Ruf der beiden Fremden als ausgezeichnete »Ärzte« ist bis zu ihm durchgedrungen – schließlich haben sie immer wieder bereitwillig mit ihren mitgeführten Medikamenten Einheimische kuriert. Wenn sie seine kranke Frau heilen, gewährt er ihnen Zugang zu den Ruinen. Gemeinsam schlagen sie sich also durch das Dickicht zu Don Josés Hütte durch, die, wie in diesem Dorf gebräuchlich, ein Dach aus Maiskolben trägt.

Schon von Weitem tönt ihnen lautes Wehgeschrei entgegen. Als sie die Hütte betreten, sehen sie, wie sich Don Josés Frau auf einem Bett aus Kuhhaut umherwälzt. Beim Anblick der Männer fällt sie vor Stephens auf die Knie und fleht ihn an, ihr zu helfen. Ihre Haut ist heiß und ihr Puls geht schnell. Stephens erkennt sogleich, dass die Frau Malaria hat, genau wie es ihnen über die Bewohner Copáns berichtet worden ist. Er gibt ihr von den Tropfen, die er sicherheitshalber immer bei sich hat, und empfiehlt ihr strenge Bettruhe.

Am nächsten Morgen machen sie sich mit Don Josés Erlaubnis mit einigen Arbeitern auf den Weg zu den Ruinen. Der Wald, den sie durchqueren, ist an dieser Stelle so dicht, dass es völlig unmöglich sein wird, ihn systematisch nach weiteren Ruinen zu ergründen. Und wenn man ihn abbrennen würde? Nein, das wäre dann doch eine zu große Rücksichtslosigkeit und ohnehin nur in der trockenen Jahreszeit möglich. Nach Beratungen, was am besten zu tun sei, beschließen sie, sich auf ihre Fundstätte zu konzentrieren und vor allem von den am interessantesten erscheinenden Antiken, den mit Skulpturen geschmückten Säulen, Zeichnungen zu machen. Zu diesem Zweck muss Catherwood die Darstellungen ganz genau betrachten, doch im Zwielicht des Dschungels lassen sich die Details kaum erkennen; durch das dichte Blattwerk fällt so gut wie kein Sonnenstrahl. Die Männer kommen also nicht umhin, die umstehenden Bäume zu fällen. Was für eine Plackerei, wenn man als einziges Arbeitsgerät nur eine Machete besitzt, die zwar geeignet ist, Büsche und Zweige aus dem Weg zu hauen, aber völlig nutzlos beim Fällen großer Bäume! Nach mühevoller, schweißtreibender Arbeit kann Catherwood endlich mit dem Zeichnen beginnen.

Stephens nutzt die Zeit zu einer weiteren Erkundungstour. Seinen beiden Begleitern, zwei jungen Indianern, verspricht er für jeden entdeckten behauenen Stein eine Belohnung. Als der eine kurz darauf die Füße und Beine einer Statue findet und der andere deren Rumpf, sind beide wie elektrisiert. Sie durchwühlen so lange den Boden mit ihren Macheten, bis sie die ganze Figur gefunden und zusammengesetzt haben. Mit Feuereifer durchforsten sie auch die restlichen Ruinen. Möglicherweise hat jahrhundertelang niemand diesen Teil des Dschungels betreten; schwer zu sagen, wie lange schon, bedenkt man, wie schnell der Urwald alles überwuchert.

– STECKBRIEF –

FREDERICK CATHERWOOD

* 27.2.1799 (London, Großbritannien)
+ 27.9.1854 (Atlantik)

Architekt, Maler und Zeichner
In Kürze: einer der Entdecker
der Maya-Kultur

Als Illustrator begleitete Catherwood J. L. Stephens nach Mittelamerika auf Forschungsreisen. Seine ausdrucksstarken Illustrationen sorgten in Europa und Amerika für Begeisterungsstürme und entfachten ein noch nicht da gewesenes Interesse an einer indigenen amerikanischen Kultur. Er starb bei einem Schiffsuntergang vor der Küste Neufundlands.

Mehr als fünfzig Artefakte entdeckt Stephens an diesem Nachmittag im Wald rund um Copán und kehrt nach vielen Stunden zu Catherwood zurück. Der ist von Stephens' Berichten einerseits erfreut, andererseits entmutigt, bedeuten neue Funde schließlich auch, dass auf ihn als Zeichner immens viel Arbeit zukommt. Er steht bis zu den Knöcheln im schlammigen Boden, an den Händen trägt er Handschuhe, um während des Zeichnens vor den mörderischen Moskitos geschützt zu sein. Er ist nicht gerade bester Dinge, denn die Stele, die er zeichnet, bereitet ihm wegen ihrer komplizierten Verzierung große Probleme. Auch der Einsatz seiner Camera Lucida hat die Sache kaum vereinfacht. Stephens macht sich große Sorgen: Ohne Catherwoods Zeichnungen ist diese ganze Mission hier keinen Pfifferling wert, das weiß er nur zu gut.

Am nächsten Tag sucht Stephens Don José Maria auf und fragt ihn geradeheraus, wie viel Geld er für die Ruinen haben wolle. Der überraschte Mann blickt Stephens an, als hätte der ihn darum gebeten, ihm seine kranke Ehefrau zu verkaufen, um an ihr die medizinische Praxis zu erlernen. Er fragt sich, wer von ihnen beiden wohl den Verstand verloren hat, denn die Ruinen scheinen ihm völlig wertlos. Er werde die Sache mit seiner Frau besprechen, so seine ausweichende Antwort. Als Don José auch am nächsten Tag noch zögert, zeigt Stephens ihm die Empfehlungsbriefe, die den schwungvollen Namenszug eines bekannten Generals tragen. Don José ist beeindruckt, aber noch nicht überzeugt. Stephens zaubert nun den letzten Trumpf aus seinem Ärmel, oder besser gesagt: aus dem Koffer. Er zieht seine Uniform an, die ihn als offiziellen Träger einer diplomatischen Mission zu erkennen gibt. Kaum tritt der Amerikaner so vor ihn, bleibt Don José der Mund offen stehen. Diese goldenen, mit Adlern verzierten Knöpfe und dieser feine Stoff! Er ist ungemein beeindruckt, und das, obwohl Stephens dazu einen schmuddeligen Panamahut, ein kariertes Hemd und eine weiße, beschmutzte Hose trägt. Außerdem geht es seit heute seiner Frau besser, und das verdankt sie Stephens. Also unterschreibt Don José den Vertrag und verkauft Copán für 50 Dollar.

Insgesamt zwei Jahre lang – von 1839 bis 1840 – durchforsten Stephens und Catherwood den mittelamerikanischen Dschungel, erkunden, zeichnen und vermessen genau das Gebiet, das einst die Maya bewohnten. Ihre Entdeckungen publizieren sie in Büchern, die über Nacht zu weltweit gelesenen Bestsellern werden, nicht zuletzt dank Catherwoods stimmungsvollen Illustrationen.

Was bleibt?

Als Stephens und Catherwood die ersten Ruinen einer bis dahin unbekannten Kultur entdeckten, ahnten sie nicht, dass dies die Kunstwerke einer der großen amerikanischen Hochkulturen vor der spanischen Eroberung waren, der Kultur der Maya. Sie behielten mit ihrer ersten Vermutung, die Kunstwerke seien von Indianern gemacht, also Recht. Bis heute gelten sie als die Entdecker der Maya bzw. als diejenigen, die das Interesse der Forscher für diese Region weckten. Und bis heute sind die Bücher der beiden Männer eine spannende und unterhaltsame Lektüre.

Die Toten im Berg – Johann Ramsauer
entdeckt das Hallstätter Gräberfeld

Hallstatt in den oberösterreichischen Alpen, November 1846: Es ist ein regennasser Morgen, die neblige Dämmerung erhebt sich nur mühsam von der bergigen Landschaft des Salzkammerguts. In einem der schwer zugänglichen Hochtäler oberhalb des Hallstätter Sees, direkt an einem Hunderte von Metern tiefen Abgrund, bearbeiten mehrere Männer den steinigen Boden mit Hacken und Schaufeln. Ihre Mützen haben sie tief in die Gesichter gezogen, die Kragen ihrer Jacken hochgeschlagen. Eine Schottergrube sollen sie ausheben. Keine angenehme Arbeit an diesem ungemütlichen Tag …

Plötzlich erzeugt die Hacke eines Arbeiters ein seltsames Geräusch im Erdreich. Sie halten erstaunt inne – und entdecken zu ihren Füßen etwas, das sie erschauern lässt. Einer von ihnen läuft los, ihren Vorgesetzten zu holen, jenen Mann, dem der Berg untersteht: Johann Georg Ramsauer. Etwas Ungewöhnliches habe man gefunden, ruft der aufgeregte Mann dem Bergmeister zu. Ramsauer lässt alles stehen und liegen, folgt dem zurückhastenden Arbeiter eilends zur Grube und begutachtet atemlos den Fund. Kein Zweifel: Vor ihnen liegt der Schädel eines Menschen.

Als erfahrener Bergmann ist Ramsauer auf Überraschungen gefasst. Seit vielen Jahren arbeitet er in dem abgelegenen Ort, in dem seit Jahrtausenden das kostbare Salz abgebaut wird. Immer wieder sind dabei Spuren menschlichen Lebens aus den Tiefen der Salzberge ans Tageslicht geholt worden. Den »Mann im Salz« hatte man

Die Salzmumie war völlig im Berg eingewachsen. Wahrscheinlich war der Mann um 350 v. Chr. bei einem Grubenunglück verschüttet worden.

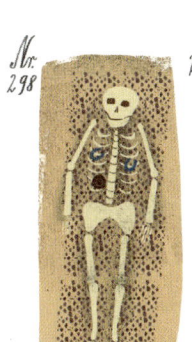 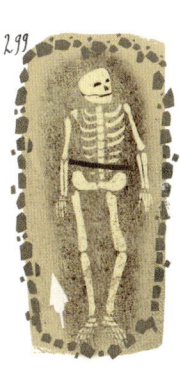 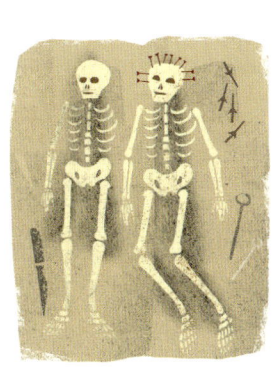 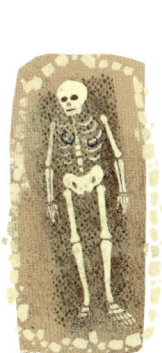 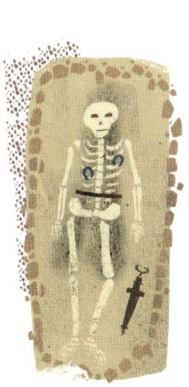 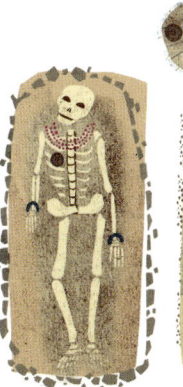 

1734 hier entdeckt, aber auch Werkzeuge wie Beile, Pickel und Holzschaufeln – all diese Dinge sind durch das Salz so gut erhalten geblieben, als hätte ein Bergarbeiter sie nur für einen kurzen Moment aus der Hand gelegt. Im Salzberg selbst wurde all das gefunden, hier aber stehen er und seine schaufelnden Männer unter freiem Himmel auf einer Wiese, 300 Meter oberhalb des Dorfes.

Der Bergmeister gibt die Anweisung, die Arbeit ruhen zu lassen. Stattdessen sollen die Männer das umliegende Erdreich durchsuchen, denn wo ein Schädel ist, könnte auch noch mehr zu finden sein. Und tatsächlich: Bereits am ersten Tag der Ausgrabungen von Hallstatt entdecken die Männer weitere menschliche Knochen, insgesamt sieben Skelette beiderlei Geschlechts und jeden Alters. Die Knochen liegen fast alle in gleicher Richtung, die Schädel sind mit ihren Gesichtern zur Talöffnung gewandt, und bei den meisten sind die Arme über der Brust gekreuzt.

Ramsauer erkennt schnell, auf was sie hier gestoßen sind: einen Friedhof, wahrscheinlich aus urgeschichtlicher Zeit. Ausgestattet sind die Gräber mit prächtigen Grabbeigaben aus Bronze, teils sogar aus dem viel härteren Eisen. Er findet Schmuck, Waffen, wunderschöne Schwerter und Gefäße, aber auch Bernstein von der Ostsee, Glas vom Mittelmeer und sogar Elfenbein. Die Menschen von Hallstatt müssen einmal sehr wohlhabend gewesen sein. Wen wundert's? Das Hallstätter Salz war schließlich einmal kostbarer als Gold! Ramsauer ist fasziniert von den Zeugnissen einer ungeahnten Vergangenheit, die genaue Bedeutung der Funde wird sich später zeigen. Zunächst gilt es, den Friedhof sorgfältig zu untersuchen und seine Zeugnisse für die Nachwelt zu bewahren.

Ramsauer opfert jede freie Stunde und seine Ersparnisse, und macht aus der Schottergrube eine Grabungsstätte. Immer mehr Gräber tauchen auf. Seine Grabung wird nicht nur für die Wissenschaft zu einem Glücksfall, sie wird auch zu einem gesellschaftlichen Ereignis. Aus Ischl, der nahe gelegenen Sommerresidenz des österreichischen Kaiserhauses, reisen hochwohlgeborene Gäste an, um sich beim Betrachten der Skelette einen wohligen Schauer über den Rücken jagen zu lassen. Ramsauer ist darauf bestens vorbereitet: Eigens zu diesem Zweck hat er ein Schaugrab eingerichtet, eine eigentümliche Vorrichtung in Gestalt eines sargähnlichen Holzkastens mit Deckel. Jeder, der einen Obolus entrichtet, darf die Klappe öffnen und einen Blick hineinwerfen.

Und dann kommt der Höhepunkt seiner Karriere: Seine Majestät Kaiser Franz Joseph I. von Österreich kündigt seinen Besuch in Begleitung seiner jungen Ehefrau, der Kaiserin Elisabeth, an. Selbstverständlich muss diesen Gästen mehr geboten werden als eine Klappkiste mit Bezahlschlitz. Ramsauer lässt vor ihren Augen das Grab Nummer 340 öffnen. Und siehe da: Gerade diese Beisetzungsstätte ist besonders prunkvoll ausgestattet, mehrere vollständig erhaltene Gefäße aus Ton und aus Bronze stehen dort neben den menschlichen Überresten, zudem Bernstein-, Gold- und Bronzeschmuck. Der Kaiser ist entzückt, hält diesen Umstand für eine glückliche Fügung und dankt es dem Ausgräber mit der Verleihung des Goldenen Verdienstkreuzes mit der Krone – nicht ahnend, dass der schlaue Ramsauer all das sorgfältig arrangiert hat.

Im Laufe der nächsten Jahre setzt Ramsauer alles daran, das Gräberfeld systematisch zu erforschen. Wann immer es das Wetter und seine Arbeit als Bergmeister erlauben, ist er auf der Ausgrabungsstätte zu finden. Bis zu seiner Pensionierung 1863 legt er 980 Gräber frei, und auch das letzte dokumentiert er so akribisch, als sei es sein erstes. Er tut dabei etwas für seine Zeit ganz Ungewöhnliches: Er lässt die Funde zeichnen – auf eine Weise, die uns auch heute noch in Staunen versetzt –,

Johann Georg Ramsauer

Kaiser Franz Joseph I.

Kaiserin Elisabeth

Die Hallstattkultur

Das Gräberfeld von Hallstatt ist deshalb so bedeutend, weil es keine vergleichbare Stätte gibt, die so vielfältige Schlüsse über die Menschen der frühen Eisenzeit in Mitteleuropa erlaubt, über jene Zeit also, in der es noch keine schriftliche Überlieferung gab und deren man sich im 19. Jahrhundert gerade erst bewusst wurde. Hallstatt war durch den Handel mit Salz zu einer der wichtigsten und reichsten Handelsmetropolen vorgeschichtlicher Zeit geworden. Die Menschen, die hier lebten und starben, hatten ihre Kultur zu höchster Blüte getrieben. Hallstatt ist heute gleichbedeutend mit der »Hallstattkultur«, sie bezeichnet den Lebensraum der Menschen der Urzeit in Mitteleuropa von etwa 800 bis 450 v. Chr., als in dieser Region erstmals Eisen Verwendung fand.

lässt sie vermessen und beschreiben, also für die Nachwelt festhalten und dokumentieren. Funde, Berichte und Grabungsprotokolle schickt er an seine Vorgesetzten vom Kaiserlich-Königlichen Münz- und Antikenkabinett in Wien, die nun endlich seine Grabungen finanziell unterstützen. Elf Jahre nach seiner Pensionierung stirbt Ramsauer 1874 im österreichischen Linz.

Was bleibt?

Zwar machte Ramsauer als ungelernter Archäologe viele Fehler, gab beispielsweise Keramikfunde aus Desinteresse auf den Müll, doch schätzen Wissenschaftler bis heute seine genaue Dokumentation. Ramsauer hatte geglaubt, das Gräberfeld vollständig erkundet zu haben, doch er täuschte sich: Mit kaiserlicher Genehmigung kam 1907 die geschichtsbegeisterte Großherzogin Maria von Mecklenburg nach Hallstatt und fand 26 weitere Grabstätten. In den Jahren 1937 bis 1939 wurden unter der Leitung des damaligen Hallstätter Museumsleiters, Friedrich Morton, noch einmal mehrere Hundert Gräber entdeckt, sodass bis heute insgesamt 1300 Gräber freigelegt wurden.

Im Jahr von Ramsauers Tod beschlossen Wissenschaftler, die frühe Epoche der Eisenzeit nach den spektakulären Funden in Hallstatt als »Hallstattkultur« zu bezeichnen. Die Wissenschaftler sind noch lange nicht damit fertig, die Hallstattzeit und ihre Kultur, die sich weit über den Fundort hinaus erstreckte, zu erforschen. Seit 1997 gehört das Gräberfeld von Hallstatt zum UNESCO-Weltkulturerbe und lockt jährlich Hunderttausende Besucher aus aller Welt in das kleine Bergdorf.

Nach dem Tod von Großherzogin Maria wurden ihre Funde in New York versteigert und so auf verschiedene Museen über die ganze Welt verteilt, womit sie das Schicksal vieler anderer Hallstattfunde teilen.

- STECKBRIEF -

JOHANN GEORG RAMSAUER

* 7.3.1795 (Hallstatt, Österreich)
+ 14.12.1874 (Linz, Österreich)

Bergmeister, Archäologe, Zeichner
In Kürze: Entdecker des
Hallstätter Gräberfeldes

Ramsauer begann mit 13 Jahren eine umfassende Ausbildung zum Bergmeister und war 50 Jahre lang im Bergbau tätig. 1846 entdeckte er in Hallstatt ein urgeschichtliches Gräberfeld und fand in 17 Jahren fast 1000 Gräber mit 20000 Objekten. Obwohl Laie auf diesem Gebiet, waren seine Dokumentationen vorbildlich. Seine Entdeckungen gaben der älteren Eisenzeit in Mitteleuropa den Namen „Hallstattkultur".

Kleine Fliegen, große Tempel – der Insektenforscher Henri Mouhot in Angkor Wat

Im Dschungel von Kambodscha, 1859. »Peng!« Gleich der erste Schuss hat gesessen: Der Tiger bricht wie vom Blitz getroffen tot zusammen. Die Bewohner des kleinen Dorfes jubeln und feiern den Schützen, den fremden Mann aus dem fernen Land namens Frankreich, wie einen Helden. Schießen kann er, dieser Henri Mouhot, und solch eine Begabung ist viel wert, wenn man mitten im Urwald lebt. Dort, wo Tiger, Leoparden und andere wilde Tiere ihr Unwesen treiben, Dörfer in Angst und Schrecken versetzen und manchmal deren Bewohner mit Haut und Haar verschlingen. Einem solchen Mann muss man danken, und was würde diese Dankbarkeit mehr zum Ausdruck bringen als eine Rhinozerosjagd zu seinen Ehren?

Andere Länder, andere Sitten, und hier im Fernen Osten ist so manches anders, als Mouhot es aus seiner europäischen Heimat kennt. Einen Tag später bricht er gemeinsam mit sieben Einheimischen zu der Jagd auf. Die Männer sind mit den hier üblichen Waffen ausgestattet, mit an Bambusstäben befestigten Eisenklingen und den Schwertern von Schwertfischen – Mouhot selbst verlässt sich lieber auf sein Gewehr. So ziehen sie hinein in das Dickicht des Urwalds.

Nach einer Weile hören sie das Knacken von Zweigen und das Rascheln trockener Bäume, und plötzlich rast das aufgescheuchte Tier, auf das sie es abgesehen haben, mit weit aufgerissenem Maul laut brüllend direkt auf sie zu. Ein Rhinozeros, so riesig, wie es Mouhot nie zuvor gesehen hat. Todesmutig stürzt sich der einheimische Anführer des kleinen Jagdtrupps mit ausgestrecktem Fischschwert dem Tier entgegen und sticht ihm so tief in den Hals, dass es blutüberströmt zusammenbricht und röchelnd vor ihm liegt. Er winkt den Ehrengast aus Frankreich heran und überlässt ihm die »Ehre«, die Jagd zum Abschluss zu bringen: Was bleibt Mouhot anderes übrig? Er legt sein Gewehr an und erschießt das arme Tier.

Während seiner Reisen durch die Länder des Fernen Ostens, durch Laos, Siam (das heutige Thailand) und Kambodscha, bekommt der französische Forscher noch manche Merkwürdigkeit zu Gesicht. Aber genau deshalb ist er ja hier, genau das ist der Grund seiner langen, beschwerlichen und gefährlichen Reise: Unbekanntes, nie zuvor Gesehenes hat ihn gelockt. Nicht irgendetwas allerdings, sondern Tiere. Nicht die großen, mit denen er mittlerweile – ob freiwillig oder nicht – schon mehrfach Bekanntschaft geschlossen hat, sondern jene winzig kleinen und manchmal nicht weniger gefährlichen: Insekten ... Betrachtet er die blutigen Hautwunden, die ihm die beißenden und blutsaugenden Spezies zugefügt haben, kann er nicht behaupten, dass er sie alle gleichermaßen schätzt, aber von wissenschaftlichem Interesse sind sie für ihn allesamt.

Egal ob Käfer, Fliege oder Schmetterling: Hier in der Ferne lässt sich die größte

Artenvielfalt entdecken. Bei jedem seiner bisherigen Expeditionsgänge durch den Urwald muss sich Mouhot nur umsehen, um Tausende neuer Arten auszumachen, die noch kein Wissenschaftler vor ihm beschrieben hat. Kleine Tiere, große Aufgabe! Aber nicht nur er entdeckt immer wieder Erstaunliches und Neues, auch er selbst wird zu einem Objekt des Interesses: Die Einheimischen, die den Forscher während seiner Erkundungsgänge beobachten, bleiben stehen und starren ihn mit aufgerissenen Augen und Mündern an. Was hat der Mann bloß im Dschungel zu suchen?

So wird in Udong, der alten Hauptstadt Kambodschas, kein Geringerer als König Norodom I. auf den Fremden aufmerksam und lässt ihm ausrichten, er möge ihn in seinem Palast aufsuchen. Mouhot ist sich unsicher: Dem mächtigsten Mann des Landes kann er doch nicht in seiner verdreckten Reisekleidung unter die Augen treten. Lieber wolle er auf sein Gepäck warten und sich umziehen, lässt er Norodoms Diener wissen. Kein Problem, so versichert ihm der königliche Bote freundlich, der König selbst habe auch nichts anzuziehen. Viel wichtiger sei ihm die Freude, ihn endlich kennenzulernen!

Und so folgt der Franzose neugierig der unerwarteten Einladung. Kaum steht er im Audienzsaal, betritt auch schon der vornehm und freundlich aussehende junge König das Zimmer (selbstverständlich vollständig bekleidet), begrüßt ihn herzlich und mustert ihn aufmerksam. Norodom möchte von ihm wissen, was er so fern seiner Heimat mache, und als er erfährt, dass sein Besucher den mühsamen Weg aus Frankreich auf sich genommen hat, um hier Insekten zu erforschen, scheint er erstaunt und gleichzeitig erfreut. Was für ein seltsamer Kauz, dieser Mann. Gefährlich wird er ihm wohl kaum werden, denn in politischer Mission scheint er nicht unterwegs zu sein. Aber er ist Franzose, genau wie Norodoms europäischer »Kollege« Napoleon Bonaparte, den der Herrscher aus Erzählungen kennt und schätzt. Der König schenkt dem Gast seine volle Aufmerksamkeit, raucht und speist mit ihm. Dann holt er ein Grammofon hervor, auf dem er in voller Lautstärke die *Marseillaise*, die französische Nationalhymne, ertönen lässt, und offenbart seinem Gast, dass er der erste Fremde sei, dem er Einlass in seine privaten Räume gewährt. Beim Abschied fordert der König ihn außerdem auf, alle Wünsche zu äußern, die ihm auf dem Herzen liegen. Mouhot erbittet nichts anderes als königliche Geleitbriefe, die ihm seine Reisen erleichtern mögen, und, wenn zur Hand, ein Lasttier. Bald danach

Angkor Wat (»Tempel der Hauptstadt«) war die größte, aber nur eine von mehr als 1000 Tempelanlagen, die im gesamten Reich der Khmer zwischen 800 und 1300 entstanden. Wie ein riesiger Berg aus behauenen Steinen überragte der Tempel einst die Stadt.

bricht der junge Insektenforscher auf; in den Jackentaschen die gewünschten Schreiben und neben sich: zwei Elefanten.

Doch was nützen königliche Elefanten und Geleitbriefe, wenn der Feind überall im Dschungel lauert und selbst auf die Befehle des Königs pfeift? Die Hitze ist ein solcher Feind. Schon frühmorgens können Mouhots barfüßige Diener kaum mehr über den heißen Boden laufen, und sogar die Zugochsen verweigern ihren Dienst. Und dann der Monsunregen, der das Land derart überschwemmt, dass die Wege sich in Flüsse verwandeln. Ohne seine Elefanten käme Mouhot oft keinen einzigen Schritt vorwärts. Dem König sei Dank!

Wenige Wochen später steht der Forscher nach einem beschwerlichen Ritt durch den Dschungel und den Blick auf seine geliebten Insekten gerichtet vollkommen unvorbereitet vor einem riesigen Palast. Zunächst sieht er nur die verschwommenen Umrisse seltsamer Gebäude, die von Würgefeigen und anderen dicht rankenden Kletterpflanzen fest im Griff gehalten werden. Trotz des Dickichts bemerkt

er fünf lotusförmige Sandsteintürme, umgeben von zahllosen Säulengängen, Terrassen und mit Regenwasser gefüllten Wasserbecken, auf denen unzählige Lotusblüten schwimmen. Er ist sprachlos angesichts solch fremdartiger, unerwarteter Schönheit: Das Gebäude ist über und über mit Kunstwerken und wundersamen Reliefs verziert.

Mouhot bestaunt überwältigt die Bilder von stolzen Göttern und bösen Dämonen, von gewaltigen Riesenschlangen und anmutigen Tänzerinnen. Diese Kunst gehört zum Schönsten, das er je gesehen hat. Ist er womöglich im Paradies gelandet? Aber nein, Mouhot steht vor den Ruinen von Angkor Wat, der im Dschungel versunkenen größten Tempelstadt der Welt. »Ein Werk von Giganten«, so schreibt er in sein Tagebuch, »größer als alles, was Griechen und Römer hinterlassen haben.« Das will etwas heißen, kann man sich zu dieser Zeit in Europa doch kaum etwas Großartigeres als den Parthenon in Athen oder das Pantheon in Rom vorstellen. Und nun dieser Fund in den Tiefen des kambodschanischen Dschungels!

Mouhot bleibt drei Wochen zwischen den prächtigen Ruinen, zeichnet, betrachtet, schreibt und zerbricht sich den Kopf darüber, wie ein Land, in dem einmal solche Gebäude errichtet wurden, in solch unbeschreibliche Armut hinabsinken konnte, wie er sie täglich zu sehen bekommt. Die Einwohner, die er um Rat fragt, wissen von nichts. Sie scheinen wirklich zu glauben, dass hier einmal Riesen am Werk waren, so unerklärlich und rätselhaft kommt auch ihnen dieser sagenhafte Ort vor.

Mouhot zieht weiter. Im Juli 1861 merkt er, dass er krank ist, und bereits nach wenigen Tagen fühlt er sich zu schwach, um noch einen Stift zu halten. Seine sonst so

Die Kultur der Khmer

Nicht etwa Könige regierten einst das Reich der Khmer, sondern Götter, so berichten alte Sagen. Anfang des 9. Jahrhunderts hatte die Khmer sprechende Volksgruppe die Kontrolle über das Gebiet Kambodschas gewonnen. Durch erfolgreiche Landwirtschaft gelangte ihr Reich zu großem Wohlstand, dehnte sich aus und wurde innerhalb kurzer Zeit zur größten Macht ganz Südostasiens. Die Menschen selbst lebten bescheiden – in Häusern, die allesamt und ohne eine Spur zu hinterlassen verschwunden sind. Ihr Vermögen nutzten sie nämlich anders: Um die Kraft ihrer hinduistischen Götter auf die Menschen und auf die Erde zu übertragen, erbauten sie ihnen kostbare, gigantische Tempel und verzierten sie mit Statuen. Angkor Wat war Gott Wischnu geweiht und diente gleichzeitig als Grabstätte des Khmer-Herrschers Suryavarman II. (1112–1150).

ausführlichen Tagebucheintragungen werden nun immer kürzer und seltener, bis er am 29. des Monats den letzten Satz schreibt: »Habt Mitleid mit mir, oh mein Gott ...« Er stirbt am 10. November in der Nähe von Luang Prabang mit gerade einmal 35 Jahren an Malaria. Seine Diener sorgen dafür, dass die Leiche ihres Herrn nicht, wie hier üblich, an einem Baum aufgehängt, sondern nach christlichem Brauch beerdigt wird. Sie machen es sich auch zur Aufgabe, seiner Witwe in Frankreich all seine kostbaren Hinterlassenschaften zukommen zu lassen.

Was bleibt?

Die Skizzen und Reiseberichte, die nach Henri Mouhots Tod in Europa publiziert werden, werden zu einer Sensation und finden in kürzester Zeit eine riesige Leserschaft. Wer hätte erwartet, dass im tiefen, fernen Dschungel Südostasiens derartige Schätze zu finden sein könnten? Plötzlich machen sich Menschen auf, manch einer aus Gier, manch anderer aus Neugier, um diesen Ort zu erkunden. Nach und nach können einige Rätsel gelüftet werden. So erfährt man, dass Angkor Wat zu einer der bedeutendsten und einflussreichsten Hochkulturen ganz Südostasiens, den Khmer, gehörte und Angkor die größte Stadt der damaligen Welt war. Angkor Wat gilt als archäologisches Weltwunder, das bis zum heutigen Tag weiter erforscht wird. Das Rätsel seines Untergangs hat der Ort jedoch noch immer nicht preisgegeben. Seit 1992 gehört es als größter Sakralbau der Welt zum UNESCO-Weltkulturerbe.

– STECKBRIEF –

ALEXANDRE HENRI MOUHOT

* 15.5.1826 (Montbéliard, Frankreich)
+ Oktober 1861 (Luang Prabang, Kambodscha)

Naturforscher, Forschungsreisender
In Kürze: begeisterte die westliche Welt für Angkor Wat

Als Naturforscher stieß Mouhot während einer Forschungsreise eher zufällig auf die Tempelanlage von Angkor Wat. Er gab sich nie als ihr Entdecker aus, zumal Angkor Wat nie vergessen war, doch ließ er sie zeichnen, veröffentlichte die Darstellungen und machte die im Dschungel verborgene Stätte in Europa bekannt. Mouhot starb 1861 an Malaria.

Auferstanden aus Schutt und Asche –
Guiseppe Fiorelli und Pompeji

Pompeji im Februar 1863: Francesco, einer der Grabungsarbeiter, lässt seine Hacke mit Schwung auf den steinharten Boden krachen. Neben ihm steht Giuseppe Fiorelli, der Leiter der Ausgrabung, und sieht ihm mit größter Aufmerksamkeit zu. Dank Fiorelli werden hier in Pompeji seit Kurzem erstmals systematische Ausgrabungen gemacht. Der Archäologe hat einen außergewöhnlichen Plan gefasst: Er will Pompeji nicht einfach nur ausgraben, er will die versunkene Stadt wieder lebendig werden lassen!

Pompeji, die Stadt, die fast 1800 Jahre zuvor bei einem verheerenden Ausbruch des Vesuv mit ihren 20 000 Einwohnern verschüttet wurde und über Jahrhunderte in Vergessenheit geraten war, soll wiederauferstehen. Fiorelli hat eine Methode entdeckt, mit der das möglich werden könnte – auf eine fast schon schockierende Art und Weise.

Francesco hackt erneut mit Elan drauflos, doch Fiorelli mahnt zur Vorsicht. Und tatsächlich: Im selben Moment hat sich vor ihren Füßen ein Loch im Boden aufgetan. Neugierig tritt der Archäologe heran und betrachtet die etwa unterarmlange Öffnung in dem steinharten Untergrund. Ja, genau auf einen solchen Hohlraum hat er gehofft, er glaubt zu wissen, woher dieses Loch stammt. Solche Hohlräume hat er während der Grabungen in Pompeji schon mehrfach entdeckt: Sie ähneln sich auf charakteristische Weise und sind klar konturiert. Fiorelli gibt das Zeichen zur Pause.

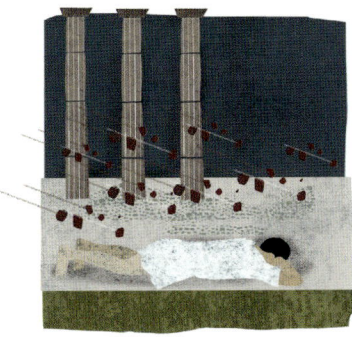  

Was nun zum Einsatz kommt, hat er von langer Hand vorbereitet. Er ist selbst gespannt, ob sein Plan zum Erfolg führen wird. Fiorelli beginnt damit, das bereitstehende Gipspulver mit Wasser zu vermengen, verrührt es gründlich und füllt die Masse mit einem großen Trichter in den Hohlraum. Nach getaner Arbeit heißt es nun: abwarten. Und erst einmal nach Hause gehen.

Der nächste Tag beginnt für die Männer damit, behutsam den gehärteten Gips freizulegen. Nach einer Weile ist ihr Werk vollbracht. Die Arbeiter legen ihre Schaufeln beiseite und treten einen Schritt zurück. Alle halten den Atem an. Der Anblick, der sich nun bietet, jagt ihnen einen Schauer über den Rücken: Deutlich erkennbar treten die Konturen eines Mannes hervor. Aufgrund des Materials zwar befremdlich weiß, doch zeigt der Abguss jedes noch so kleine Detail des Leichnams, der diesen Hohlraum in der steinharten Lavaasche einst gebildet hat: den Körper, das Gewand, die nackte Haut an Armen und Beinen, die Sandalen an den Füßen, die leicht erhobene linke Hand, an deren Fingerspitzen die Knochen sichtbar werden, die aufgerissenen Augen und den geöffneten Mund. Ein Hohlraum, ein Nichts inmitten grauer Schlacke, offenbart sich als ein Menschenleben, das vor 1800 Jahren auf entsetzliche Weise ausgelöscht wurde. In diesen weißen Gipskörper ist ein dramatischer, lang vergessener Moment der Geschichte gebannt.

Fiorelli schließt die Augen. Fast meint er, den glühend heißen Ascheregen zu spüren und die verzweifelten Schreie des Mannes zu hören, die vom Grollen des Feuer speienden, alles vernichtenden Vulkans verschluckt werden. »Der Tod hat wie ein Bildhauer von seinem Opfer eine Form angefertigt«, so wird der Archäologe später beschreiben, was er an diesem Tag vor sich sieht.

In den nächsten Tagen fertigen die Männer etliche weitere Gipsabgüsse an – stumme Zeugen des versunkenen Pompeji, dahingegangene Einwohner der Stadt. Zwei entpuppen sich als Frauen, offenbar Mutter und Tochter. Eng liegen sie beieinander, das Einzige, was sie in den letzten

Pompejis Untergang

Nach mehreren Tagen, an denen Erdstöße die Bucht von Pompeji erschüttert hatten, kam es am Morgen des 24. August 79 n. Chr. zur Katastrophe: Der Vesuv explodierte, und eine kilometerhohe Feuersäule schoss aus dem Vulkan empor. Nach nur wenigen Minuten verdunkelte eine unfassbar große Aschewolke den Himmel und ließ den hellen Sommertag zur Nacht werden. Kurz darauf prasselten Lava, Asche und Bimssteine auf Pompeji und seine Bewohner nieder. In den frühen Morgenstunden des nächsten Tages brach die glühend heiße Säule über der Spitze des Vesuv unter ihrer eigenen Last zusammen. 800 Grad heiße Lawinen aus Gas, Asche und Lava rasten den Berg hinab und töteten in Pompeji jeden, der noch am Leben war. Die Stadt wurde unter einer zwölf Meter dicken Schicht aus Asche und Gestein begraben.

Minuten ihres Lebens noch füreinander hatten tun können. Erschütternd, zu sehen, wie verzweifelt das junge Mädchen mit erhobenen Armen und aufgerissenem Mund gegen den Tod gekämpft haben muss.

Der Archäologe benötigt für die »Wiederbelebung« der Toten von Pompeji keine technischen Neuerungen, lediglich Gips, Wasser, Trichter und auch große Spezialspritzen, mit denen er den Gips unter hohem Druck in die Löcher presst. So viel steht fest: Wer solche Bemühungen anstellt, muss sich über etwas im Klaren sein, dass hier nämlich kein Museum unter dem Boden verborgen liegt, sondern eine einst von Menschen bewohnte, lebendige Stadt.

Die Katastrophe am Vesuv war der erste Vulkanausbruch, der dokumentiert worden ist: Der Schriftsteller Plinius der Jüngere erlebte ihn selbst mit und berichtete in zwei Briefen an den Geschichtsschreiber Tacitus davon.

Seitdem in Pompeji der Boden nach Überresten der Antike durchwühlt wird – von systematischen Grabungen konnte in der Vergangenheit keine Rede sein –, achtet man vor allem auf Wandgemälde, Skulpturen, Möbel und Inschriften. All das interessiert natürlich auch Fiorelli, schließlich sind solche Gegenstände wunderschön und kostbar, aber sie erzählen nicht wirklich etwas über die Menschen, die hier einmal gelebt haben. Welchen Wert hat ein Ring, wenn man nicht weiß, wer ihn einst trug? Welchen ein Wandgemälde, wenn man nicht weiß, wer es täglich betrachtete?

Fiorelli liegen die Menschen, liegt das Schicksal jedes Einzelnen am Herzen. Doch das ist für seine Zeitgenossen durchaus keine Selbstverständlichkeit. Tatsächlich hätten sich schon längst mehr als genug Gelegenheiten geboten, sich auf die Spur der Bewohner Pompejis zu begeben, schließlich ist der Ort bereits fast 300 Jahre vor Fiorelli wiederentdeckt worden: Der italienische Architekt Domenico Fontana hatte im Jahr 1592 beim Bau einer Wasserleitung Tafeln mit der Inschrift »Pompeii« gefunden, ohne dass man im Lauf der folgenden 150 Jahre davon Notiz genommen oder den Ort mit der aus antiken Schriftquellen bekannten Stadt in Verbindung gebracht hätte.

Auch während der ersten Ausgrabungen, die der neapolitanische König Karl III. ab 1748 in Pompeji vornehmen ließ, standen nicht die unglücklichen Bewohner der Stadt im Mittelpunkt, sondern die besonders kostbaren antiken Stücke, bronzene und marmorne Statuen, Reste von Mosaiken, aber vor allem natürlich die aufsehenerregenden Wandmalereien. Mit ihnen sollten die prunkvollsten Säle der königlichen Museen und Paläste gefüllt werden. Und auch die bei Feldarbeiten immer wieder an der Erdoberfläche auftauchenden Schmuckstücke schürten bei ihren beglückten Findern eher die Begeisterung für wertvolle, teuer zu verkaufende Kunst der Vergangenheit und für spektakuläre Souvenirs als das Interesse für ihre längst verstorbenen Träger.

Letztendlich war es ein junger deutscher Archäologe, der bereits rund 100 Jahre vor Fiorellis Wirken den Grundstein für eine veränderte Auffassung der antiken Kunst gelegt hatte: Sein Name lautet Johann Joachim Winckelmann. Zu seiner Zeit war Pompeji bereits seit einigen Jahren bekannt und Winckelmann hatte es – ebenso wie das benachbarte, ebenfalls einstmals verschüttete Herculaneum – mehrfach besucht. In einem wegweisenden Buch über Kunst, der *Geschichte der Kunst des Alterthums*, hatte er als erster Altertumsforscher überhaupt ganz wissenschaftlich über die Kunst der alten Griechen und Römer geschrieben. Dabei hatte er sich auch Gedanken über jene gemacht, die sie geschaffen hatten. Bisher hatte man sich – sogar in der wissenschaftlichen Kunstbetrachtung – immer nur einzelne Werke herausgepickt (genau wie die Schatzsucher in Pompeji), nun hatte sich zum ersten Mal jemand darangesetzt, eine ganze Kunstgeschichte der Antike zu schreiben.

Ob den deutschen Gelehrten die Ausgrabung von Pompeji deshalb so faszinierte? Eine ganze Stadt, die fast 1700 Jahre verschwunden war und jetzt endlich wieder zurück ans Tageslicht trat – und mit ihr zusammen Kunstwerke, die sich immer noch genau dort befanden, wo ihre Bewohner sie einst aufgestellt hatten.

Seit Winckelmann die vom Vesuv verschütteten Städte besucht und darüber geschrieben hatte, sahen diejenigen, die seine Berichte lasen, die Ausgrabungen in Pompeji mit anderen Augen. Plötzlich wurde manch einem klar, was er vorher gar nicht beachtet hatte: dass diese Ausgrabungsstätten Orte waren, wo einst Menschen gelebt und Zeugnisse ihres Daseins hinterlassen hatten!

Fiorelli setzt sich nun mit großer Leidenschaft auf die Spur dieser Menschen und ihrer Geschichte. Er und seine Leute suchen nach dem Fund der ersten Hohlräume im Februar 1863 ganz gezielt nach Stellen, an denen die Bewohner Pompejis Zuflucht vor dem Ascheregen und dem tödlichen Schwefeldampf gesucht haben könnten, und füllen dort die charakteristischen Hohlräume mit Gips. Viele der rund 20 000 Einwohner der Stadt scheinen den Ort während der Katastrophe nicht verlassen zu haben. Stattdessen suchten sie in ihren Häusern Schutz, ohne freilich zu ahnen, dass diese unter der Last des Asche- und Bimssteinregens wie Kartenhäuser

Auch die Orte Stabiae, Herculaneum und Oplontis wurden beim Ausbruch des Vesuv unter einer meterdicken Schicht aus Asche und Gestein begraben. In Herculaneum fand man 1982 die Skelette von 300 Menschen, die in Bootshäusern am Strand Zuflucht gesucht hatten und dort ums Leben gekommen waren.

in sich zusammenfallen würden … Und tatsächlich: Fiorelli findet immer mehr, er entdeckt Männer, Frauen, Kinder, sogar einen Hund, er findet dramatische Szenen, entdeckt traurige Momente des Abschieds und der Verzweiflung, er gibt Hunderten von vergessenen Opfern der Katastrophe ihre Gestalt zurück.

Journalisten verbreiten die Nachrichten aus Pompeji schnell in aller Welt. Fiorellis Nachfolger greifen seine Methode auf und fertigen viele weitere Gipsabgüsse an, später nutzen sie feineren Gips, um auch ganz zarte Formen wie Kleiderfalten und Gesichter noch besser darzustellen. Bis heute sind die in Gips verewigten Bewohner der untergegangenen Vesuvstadt eine der Hauptattraktionen für jeden Pompeji-Besucher.

Was bleibt?

Giuseppe Fiorelli gab Pompeji ein lebendiges Gesicht, das die Welt erschütterte und jeden Pompeji-Besucher noch immer fasziniert: Nie zuvor hatte man bei einer archäologischen Ausgrabung »Menschen« gefunden, deren letzte Lebenssekunden sichtbar gemacht werden konnten. Fiorellis Nachfolger setzten sein Werk fort, aber natürlich führten sie auch seine systematischen Ausgrabungen weiter. So wurde aus Pompeji die größte zusammenhängende Stadtruine der Welt. Damit stehen heutige Wissenschaftler vor der kaum zu bewältigenden Aufgabe, die riesige Ausgrabungsstätte zu erhalten und vor dem Verfall zu bewahren. Seit Kurzem erforschen Wissenschaftler die Gipsleichen, von denen es etwa 1000 gibt, mithilfe moderner Medizintechnik. Dass Karies damals unbekannt war, ist nur eine ihrer vielen Erkenntnisse über das Leben der Menschen in der Antike. Wie bedeutend die gesamte Stätte ist, zeigt ihre Aufnahme in die Liste des UNESCO-Weltkulturerbes im Jahr 1997.

- STECKBRIEF -

GIUSEPPE FIORELLI

* 8.6.1823 (Neapel, Italien)
+ 28.1.1896 (Neapel, Italien)

Archäologe, Münzkundler (Numismatiker)
In Kürze: Entdecker der Pompeji-Leichen

Bereits mit 26 Jahren bekam Fiorelli die Aufsicht über die Ausgrabungen in Pompeji. Anders als seine Vorgänger ging er systematisch vor, so sicherte er das Ausgegrabene und achtete auch auf alltägliche Funde. Von ihm stammt die Idee, die von den Leichen gebildeten Hohlräume mit Gips zu füllen und von den Toten auf diese Weise lebensechte Modelle anzufertigen.

Ein Kindheitstraum wird wahr –
Heinrich Schliemann entdeckt Troja

Ankershagen 1829: Der schmächtige Junge beugt sich über das dicke, in Leder gebundene Buch. Wenn der Vater ihm daraus vorliest, vergisst der Siebenjährige alles andere um sich herum. Vergisst die bedrückenden Bilder, die er fast täglich zu sehen bekommt. Wie der Vater die Mutter beschimpft und schlägt. Vergisst, dass kein Kind im Dorf mit ihm spielen will. Dass der Vater seine Familie Hunger leiden lässt, weil er das Geld, das er als Pastor verdient, lieber in den Gasthof trägt als nach Hause.

Troja ist bis heute bekannt für den Trojanischen Krieg und das Trojanische Pferd, eine besonders trickreiche Kriegslist der Griechen: eine Holzkonstruktion, in der sich Soldaten versteckten.

Hört der Junge die Geschichten aus diesem Buch, der *Weltgeschichte für Kinder,* dann taucht er ein in eine andere Welt. Was hat er hier nicht schon alles erlebt: die Erschaffung der Welt, den Bau der Arche Noah und die Sintflut, und auch von den Babyloniern, Assyrern und den alten Ägyptern hat er gehört. Momentan widmen sich Vater und Sohn den griechischen Helden, Heinrich hört von Hektor und Achill, von Troja, dem Trojanischen Krieg und dem hölzernen Pferd. Er erfährt, wie es die Liebesgöttin Aphrodite anstellt, dass sich die schöne Griechin Helena Hals über Kopf in den trojanischen Prinzen Paris verliebt, der sie daraufhin nach Troja entführt. Heinrich lauscht den Berichten über den zehn Jahre dauernden Krieg, den die Griechen deshalb gegen die Trojaner führen, bis zahllose Menschen einen qualvollen Tod gestorben sind und die wunderbare Stadt in Schutt und Asche liegt. Von einer ganz besonderen Abbildung kann Heinrich kaum die Augen wenden. Sie zeigt einen Teil der sagen-

In seinen Lebenserinne-
rungen behauptet Schlie-
mann zumindest, dieses
Vorhaben bereits im zar-
ten Alter von sieben Jah-
ren geplant zu haben.
Schliemann nahm es
jedoch mit der Wahrheit
nicht so genau: Er ver-
schwieg, was nicht ins
Bild passte, verdrehte Tatsachen und veränderte
Jahreszahlen.

umwobenen Stadt mit ihren prächtigen Gebäuden samt der wuchtigen Mauern. Plötzlich wird der Junge ganz aufgeregt und ruft mit hochroten Wangen: »Vater, wenn es einmal solche Mauern gegeben hat, so können sie doch nicht ganz verschwunden sein!« Der Vater beschwichtigt seinen Sohn. Er will gehört haben, dass von der Stadt kein Stein erhalten geblieben sei und dass man deshalb noch nicht einmal genau wisse, wo dieses Troja einst gelegen habe. Das kann und will Heinrich nicht glauben: »Nein, Vater, bestimmt sind die Mauern dieser Stadt nur unter dem Staub und Schutt von Jahrhunderten verschwunden.« Wenn er groß sei, werde er sich auf den Weg machen, Troja zu suchen, zu finden und auszugraben!

Heinrich Schliemanns Lebensweg scheint zunächst tatsächlich vom Glück begünstigt: Er verlässt das Haus des Vaters, beendet die Realschule (für das Gymnasium reicht das Geld nicht), absolviert eine Kaufmannslehre und überlebt mit 19 Jahren als Einziger auf dem Weg nach Südamerika einen Schiffsuntergang. Er zieht weiter nach Amsterdam, findet Arbeit, lernt innerhalb kürzester Zeit so gut Russisch, dass seine Chefs ihn ins Zarenreich schicken. Dort handelt er erfolgreich mit Indigo, einem kostbaren Farbstoff, kauft sich ein eigenes Handelshaus, fährt nach Amerika, gründet eine Bank, wird reich und immer reicher. Er kehrt zurück nach Russland, folgt einer nächtlich geträumten Eingebung und kauft Unmengen von Salpeter, das – es ist die Zeit des Krimkriegs – gerade heiß begehrt ist für die Herstellung von Munition, verkauft selbiges wieder, nun allerdings viel teurer, und ist 1864, als er Russland wieder verlässt, einer der reichsten Männer des Landes. Er besitzt mehrere Häuser, kann reisen, so lange und wohin er möchte, und hat das unglaubliche Talent, mithilfe einer selbst erdachten Methode jede beliebige Sprache im Handumdrehen zu erlernen, sodass er sich in jedem Land Europas sowie in Persien, Indien und Israel fließend mit den Einheimischen unterhalten kann. Er muss nicht mehr arbeiten, kann tun und lassen, wonach ihm der Sinn steht. Seinen Kindheitstraum, das geheimnisvolle Troja zu finden, hat Schliemann dabei nie aufgegeben …

Und nun, fast 40 Jahre, nachdem er als kleiner Junge erstmals von der antiken Stadt gehört hat, scheint die Erfüllung seiner Träume ganz nahe zu sein: Er ist Gerüchten gefolgt, nach denen das verschwundene Troja in der Troas, einem Gebiet der Türkei, das früher einmal zu Griechenland gehört hat, zu finden sein soll. Tagelang sucht er mithilfe einer in altgriechischer Sprache verfassten Ausgabe der *Ilias* vergeblich danach. Seit er als junger Mann erstmals mit dem Werk des antiken Dichters Homer bekannt wurde, sind ihm dessen Schriften wichtiger als jedes andere Buch. Die *Ilias*, eines der berühmtesten Werke Homers, ist für Schliemann von besonderer Bedeutung, hat sie doch den Trojanischen Krieg zum Thema. Er will sich schon enttäuscht auf den Heimweg machen, da lernt er zufällig den englischen Diplomaten Frank Calvert kennen. Der Hobbyarchäologe vertritt eine interessante Theorie. Er vermutet Troja mit ziemlicher Sicherheit unter einem bestimmten Hügel, der zur Hälfte seiner Familie gehört. Der Ort trägt den Namen Hisarlik oder auch »Neu-Ilion« – ein Hinweis auf den Ort, an dem die *Ilias* sich abspielte? Der Engländer rät Schliemann, unbedingt dort zu graben. Ihm selbst fehlen zu seinem Bedauern die finanziellen Mittel, Ausgrabungen sind teuer …

Schliemann ahnt, dass sich hier eine heiße Spur aufgetan hat. Er folgt dem Rat und beantragt sofort eine Grabungslizenz. Nun heißt es warten. Er nutzt die Zeit und begibt sich auf ausgedehnte Reisen nach Paris, St. Petersburg, in die USA und nach Rostock. Er schreibt ein Buch mit dem Titel *Ithaka, der Peloponnes und Troja* und ein weiteres über China, was ihm die Doktorwürde der Universität Rostock einbringt, lässt sich von seiner russischen Frau scheiden, wird amerikanischer Staatsbürger und heiratet endlich seine »Helena« in Gestalt der 17-jährigen Griechin Sophia.

Zwei Jahre später, im Frühjahr 1870, hat er das Warten satt. Gemeinsam mit 70 Arbeitern beginnt er zunächst noch ohne Genehmigung auf der höchsten Stelle des Berges von Hisarlik inmitten der malerischen Landschaft der Troas mit den Ausgrabungsarbeiten. Noch immer hat er das oft bestaunte Bild aus Kindertagen vor Augen, ist nach wie vor der festen Überzeugung, dass von einer großen Stadt, egal wie alt sie auch sein mag, Mauern erhalten geblieben sein müssen. Homer gibt mit seinen Versen ein genaues Bild. Sogenannte kyklopische Mauern sollen es sein, so heißt es in der *Ilias*, ein Mauerwerk aus Steinen wie von Riesen, Kyklopen, gebaut. Viele Wochen vergehen, in denen Schliemann quer durch den Hügel einen riesigen, teils metertiefen Graben hauen lässt. Und tatsächlich werden jetzt verschiedenfarbige Schichten erkennbar, die zeigen, dass hier wirklich einmal eine Siedlung gewesen sein muss! Und dann sieht er es plötzlich vor sich, nach und nach aus dem Boden

Homer lebte vermutlich im 8. Jahrhundert v. Chr. und gilt als der erste Schriftsteller des Abendlandes. Die Wirkung der *Ilias* und der *Odyssee* war schon in der Antike ungeheuer groß.

hervortretend: ein großes Mauerstück. Schliemann ist überzeugt: Ein erster Beweis für Troja ist gefunden! »Ich habe Troja entdeckt!«, schreibt er bald darauf voller Enthusiasmus in seinen Briefen nach Deutschland. Dort wartet man gespannt auf Neuigkeiten von der Grabungsstätte. Die Öffentlichkeit verfolgt gebannt die spektakuläre Schatzsuche des Deutschen, während die Wissenschaftler seine »Entdeckung« mit größter Skepsis und beißender Ironie belächeln. Sie wehren sich gegen den naiv wirkenden Gedanken, die Schriften Homers ließen sich so einfach in die Wirklichkeit übertragen. Doch Schliemann gibt seinen Plan nicht auf: Alle Schichten sollen abgetragen werden, bis er auf das versunkene Troja stößt! So klafft bald ein riesiger Schacht im Hügel. Scherben, Gefäße, Mauern, Münzen, kleine Skulpturen und ein ganzes Stadttor werden dabei zutage gefördert. Doch reicht das aus, um der Welt zu beweisen, dass dieser Hügel, in dem er nun schon das dritte Jahr gräbt, das berühmte, das sagenumwobene Troja birgt? Würde er doch noch etwas finden, das auch den Allerletzten davon überzeugt, dass er die Stadt des Königs Priamos, des letzten Königs von Troja, entdeckt hat!

In diesen Tagen im Mai des Jahres 1873 ist Schliemann völlig besessen von diesem Gedanken. Während das Grabungsteam eines Morgens gerade damit beschäftigt ist, in dem riesigen Graben eine massive Befestigungsmauer freizulegen, sieht er plötzlich etwas, das ihm den Atem raubt: ein großes bronzenes Gefäß von seltsamer Form, und dahinter – ist das wirklich möglich? – Gegenstände aus Gold! Schliemann lässt es sich nicht nehmen, den Schatz eigenhändig mit einem Messer aus der steinharten Erdschicht herauszuschneiden. Im Grabungshaus betrachtet er

schweißgebadet und mit einem Schauer des Glücks seine Entdeckung: pfundschwere goldene Becher, große silberne Kannen, goldene Diademe, Armbänder, Halsketten, aus Tausenden von Goldplättchen zusammengeheftet. Das ist er, der Schatz des Priamos! Das ist der Beweis für Troja! Noch im selben Jahr beendet Schliemann seine Grabungen in Hisarlik und schafft die kostbarsten Funde heimlich außer Landes, darunter auch den Goldschmuck.

In Zeitungsartikeln und bei Vorträgen macht er seine atemberaubenden Goldfunde bekannt und lässt damit die Öffentlichkeit an dem wiederentdeckten Mythos fernab der Heimat teilhaben. Das Publikum ist begeistert, doch die meisten Wissenschaftler kann er von seiner Entdeckung Trojas nicht überzeugen. So beginnt er mit Grabungen in Mykene, der einst wichtigsten Stadt Griechenlands, um mehr über jene Zeit zu erfahren, in der auch Troja seine höchste Blüte erlebt hatte.

1878 treibt ihn eine ungeheure innere Unruhe zurück nach Hisarlik. Noch immer liegen schließlich keine eindeutigen Beweise für seine Troja-Theorie vor, und die Zweifel daran hört er überall lauter als in Troja selbst. Sein Assistent wird eine Grabungskampagne später der junge Archäologe Wilhelm Dörpfeld, unter dessen Einfluss die Grabung nun endlich eine wissenschaftliche Führung bekommt und im Ansehen der Öffentlichkeit weiter steigt. Ein eindeutiger Beweis für Troja, wie ihn sich Schliemann noch immer erhofft, bleibt aber auch Dörpfeld versagt.

Als Schliemann weit über 60 Jahre alt ist, wird er von starken Ohrenschmerzen geplagt. Er entscheidet sich zu einer Operation, doch ungeduldig, wie er ist, wartet er nicht etwa seine Genesung ab, sondern reist noch im selben Winter zu den berühmten Grabungsstätten von Pompeji. Die Schmerzen werden erneut unerträglich, aber er will von einer zweiten Operation, zu der ihm sein berühmter Freund, der Arzt und Vorgeschichtsforscher Rudolf Virchow, rät, nichts wissen. Kurz danach

Hisarlik

Die Anhöhe von Hisarlik ist im Laufe der Jahre immer wieder neu besiedelt worden. Der Siedlungshügel besteht aus insgesamt neun Stadtschichten. Die Besiedlungzeit beginnt mit Schicht I in der frühen Bronzezeit im 3. Jahrtausend v. Chr. und endet mit Schicht IX, der römischen Schicht, 500 n. Chr. Die Existenz dieser Siedlungsschichten hatte schon Schliemann erkannt und das homerische Troja in Schicht II vermutet.

bricht er völlig überraschend in Neapel tot zusammen. Bis zu seinem letzten Atemzug wurde er nicht von der nagenden Ungewissheit erlöst, ob das, was er im Hügel von Hisarlik entdeckt hatte, wirklich das sagenumwobene Troja war, ob sich also sein lang gehegter Kindheitstraum erfüllt hatte oder nicht.

Was bleibt?

Schliemanns Zeitgenossen standen ihm sehr kontrovers gegenüber. Einerseits genießt er bis heute den Ruf, der Urvater der griechischen Archäologie zu sein, andererseits machten seine Kollegen ihm den Vorwurf, nicht wissenschaftlich gearbeitet und damit viele Funde unwiederbringlich zerstört zu haben und bei seinen Grabungen wie ein Raubgräber vorgegangen zu sein. Lange wurde er nicht ernst genommen und wegen seiner träumerischen, romantischen und übertriebenen Ausdrucksweise und wenig wissenschaftlichen Interpretation seiner Funde verlacht. In Erstaunen versetzte er die Welt dadurch, dass er, entgegen aller Erwartungen, mithilfe eines Tausende Jahre alten Versepos tatsächlich eine antike Siedlungsstätte fand. Viele halten Hisarlik bis heute für das Troja, das Homer beschreibt, andere bezweifeln das. Viele Indizien sprechen dafür, aber ein sicherer Beweis dafür oder dagegen steht noch immer aus.

– STECKBRIEF –

JOHANN LUDWIG HEINRICH JULIUS SCHLIEMANN

* 6.1.1822 (Neubukow, Deutschland)
+ 26.12.1890 (Neapel, Italien)

Kaufmann, Archäologe
In Kürze: Entdecker von Troja

Schliemann, der in Armut aufgewachsen war, brachte es als erfolgreicher Geschäftsmann zu einem großen Vermögen. Als Millionär wandte er sich ganz der Archäologie zu. Er behauptete, Troja und damit das vorgeschichtliche Griechenland entdeckt zu haben, was Diskussionen und Anfeindungen nach sich zog. Zeit seines Lebens litt er darunter, kein studierter Archäologe zu sein. Er starb an einer nicht auskurierten Mittelohrentzündung.

»Schau, Papa, Rinder!« – ein Mädchen entdeckt die Höhlenmalereien von Altamira

Altamira, Spanien, 1879: Marcelino Sanz de Sautuola nimmt seine Tochter Maria an die Hand und treibt sie zur Eile an. Erst vor Kurzem ist er aus Paris nach Spanien zurückgekehrt. Seit er wieder da ist, spürt er eine seltsame innere Unruhe. Nicht ohne Grund …

Gemeinsam eilen die Tochter und der schwer bepackte Vater über eine Anhöhe ihres großen Landgutes, ohne dem wunderschönen Ausblick von der »hohen Aussicht«, wie Altamira übersetzt heißt, Beachtung zu schenken. Zielstrebig laufen die beiden auf den Eingang zu einem unterirdischen Höhlensystem zu, das sich im Innern der Anhöhe verbirgt. Don Marcelino kennt diese Höhle seit zehn Jahren. Ihre Entdeckung verdankt er einem merkwürdigen Zufall: Der Hund eines Jägers war während einer Fuchsjagd zwischen einige Felsbrocken geraten. Bei dem Versuch, sein Tier zu befreien, war der Mann auf den verschütteten Eingang zur Höhle gestoßen. Natürlich hatte er Don Marcelino sofort von seiner Entdeckung informiert. Rein aus Neugier hatte der Hobbyarchäologe einen Blick hineingeworfen, abgesehen von ein paar Knochen allerdings nichts Aufsehenerregendes entdecken können. Nein, seine Höhle schien sich nicht wesentlich von den anderen unterirdischen Gängen zu unterscheiden, mit denen die ganze Gegend durchzogen ist.

Nun aber, seit seiner Rückkehr, ist er da ganz anderer Ansicht. In Paris hatte Don Marcelino Gelegenheit, sich ausführlich mit dem bekannten Prähistoriker Edouard Piette, einem Spezialisten für Vorgeschichte, zu unterhalten. Diesem Mann hatte er von seiner Höhle erzählt, der Franzose hatte interessiert zugehört und ihm ein paar gute Ratschläge mit auf den Weg gegeben, wie er bei der Erkundung seiner Höhle am besten vorgehen sollte. Außerdem hatte er ihm einige Gegenstände aus vorgeschichtlicher Zeit gezeigt: mit Ritzzeichnungen versehene Steine sowie steinzeitliches Werkzeug. Aber das Aufregendste: Der Wissenschaftler hielt es für absolut

Höhlenmenschen hat es wahrscheinlich nie gegeben. Da in Höhlen besonders viele Steinwerkzeuge gefunden worden sind, war man zu diesem Trugschluss gelangt. Heute vermutet man, dass die Menschen der Steinzeit Höhlen nur in extremen Situationen und zu religiösen Zwecken aufsuchten, ihre Lagerplätze aber im Freien hatten.

möglich, dass sich auch in der Höhle von Altamira Relikte aus der Steinzeit finden ließen. Mit anderen Worten: In Don Marcelinos Höhle hatten vielleicht vor mehr als 10 000 Jahren einmal Menschen gelebt! So hat Don Marcelino nun voller Begeisterung den Plan gefasst, diese steinzeitlichen Spuren ausfindig zu machen.

Kaum haben Maria und ihr Vater den nach unten führenden Eingang zur Höhle erreicht, lässt Don Marcelino seine Tasche fallen. Er entfacht zwei Öllampen, von denen er eine seiner Tochter reicht. Mit dem flackernden Licht in den Händen wagen sie sich hinein, der Vater voran. Nur langsam gewöhnen sich ihre Augen an die Dunkelheit. Nach einem schmalen Eingangsbereich gabelt sich der Gang in drei zickzackförmige Galerien mit unzähligen Abzweigungen. Je weiter sie in die Tiefen der Höhle vordringen, desto häufiger reibt sich Don Marcelino fluchend den Kopf, den er sich immer wieder an der Felswand stößt. Den Rest des Weges wird er auf allen Vieren zurücklegen müssen. In einer Hand mühsam die Öllampe balancierend, kommt Don Marcelino nur langsam voran.

Als sich Vater und Tochter tief im Innern der Höhle befinden, kramt Don Marcelino das mitgebrachte Grabungswerkzeug aus der Tasche. Piette hatte ihm in Paris den Rat gegeben, so tief wie möglich in die Höhle vorzudringen, denn wenn sie tatsächlich einmal Menschen als Zufluchtsort genutzt haben sollten, dann hätten sie sich sicherlich so weit wie möglich vom Eingang entfernt im letzten Winkel verkrochen. Mit einer kleinen Hacke bewaffnet, beginnt Don Marcelino, den Boden vor sich genauer in Augenschein zu nehmen. Ein paar Steine erregen seine Aufmerksamkeit, er nimmt einen in die Hand und betrachtet ihn im Schein der Lampe genauer. Deutlich erkennt er die gleichmäßig abgesplitterten Ränder, fühlt ihre Schärfe, wenn er mit den Fingern darüberfährt. Ja, das scheint doch ein steinzeitliches Werkzeug zu sein, eine Klinge ähnlich der, die er vor Kurzem in Paris gesehen hat! Eifrig hackt er weiter. Immer mehr Werkzeuge bringt er dabei zum Vorschein. Damit dürfte der Beweis vor ihm liegen: Seine Höhle wurde in der Steinzeit von Menschen genutzt. Das muss er Maria zeigen!

Vorsichtig richtet er sich in der engen Höhle auf und sieht sich nach seiner Tochter um. Der ist inzwischen langweilig geworden, und so hat sie sich zum Spielen ein Stück von ihm entfernt. Der Vater will schon schimpfen, da ruft sie mit erschrockener Stimme: »Schau, Papa, Rinder!« Don Marcelino eilt zu ihr. Da steht sie mit hoch erhobener Lampe und starrt an die Höhlendecke. Als er ihrem Blick folgt, bleibt ihm vor Erstaunen der Mund offen stehen. Über ihnen ist tatsächlich ein Rind, und es bewegt sich! So zumindest kommt es Maria vor, die sich ängstlich an ihren Vater klammert. Der schwenkt nun seine Lampe hin und her, sodass auch Maria erkennen kann, dass es sich um Malereien handelt. Mit rötlicher Farbe ist das Tier auf den hellen Kalksteinfels gemalt. Und gleich daneben noch eines und noch eines: Der ganze hintere Bereich der Höhle wimmelt von Bisons, Pferden, Wildschweinen und Hirschen.

Im Lauf der nächsten Tage wird Marias Vater nach weiteren Höhlenerkundungen klar, auf was seine Tochter da gestoßen ist: Die Bilder von Hunderten von Tieren schmücken die Kalksteinfelsen der Höhle, und sie scheinen in dem gigantischen Höhlensystem bei Weitem noch nicht alle entdeckt zu haben. Don Marcelino kann

es noch immer nicht ganz fassen. Während er mit nach unten gerichtetem Blick durch die Höhle gekrabbelt war, nur Augen für mögliches Steinwerkzeug am Boden, hatte seine achtjährige Tochter diese sensationelle Entdeckung beim Blick in die entgegengesetzte Richtung gemacht. War vielleicht ein Wechsel der Blickrichtung genau die richtige Methode für neue Erkenntnisse?

Bei den Bildern erstaunt ihre naturnahe Darstellung am meisten: Die ganze Farbpalette der Ockerfarben, die verschiedenen Braun-, Gelb- und Rottöne, ist so geschickt eingesetzt worden, dass die Tierherden tatsächlich am Betrachter vorüberzuziehen scheinen. Dazu kommt, dass die Höhlenmaler die dreidimensionale Wirkung von Rissen und Vorsprüngen des Felsuntergrunds genutzt und in das Bild mit einbezogen haben, sodass die Körper der Tiere ganz plastisch erscheinen und jedes eine unterschiedliche Gestalt erhalten hat. Das hat eine unglaubliche Wirkung zur Folge: Im flackernden Licht der Lampen und durch die sich bewegenden Schatten scheinen die Tiere zum Leben zu erwachen. Und die Farben wirken so frisch, als seien sie gerade erst auf die Wand aufgetragen worden.

Don Marcelino geben die leuchtenden Farben zu denken. Ob im Lauf der letzten zehn Jahre jemand heimlich in die Höhle eingedrungen ist, um ihre Wände mit Malereien zu versehen? Aber warum hätte sich jemand die Mühe machen sollen, noch dazu an einer der engsten Stellen der ganzen Höhle? Er verwirft den Gedanken wieder und kommt zu dem Schluss: Die Malereien stammen von den Menschen, die die Höhle vor einer Ewigkeit benutzten, von den Menschen aus der Steinzeit.

Er wendet sich mit der Entdeckung seiner Tochter an die wissenschaftliche Fachwelt und veröffentlicht einen Aufsatz mit detailgenauen Zeichnungen, durch den er die Höhlenmalereien über Spanien hinaus bekannt macht.

Doch die Reaktion fällt anders aus als erwartet. Statt Begeisterung oder Interesse ernten die Entdeckerin und ihr Vater nur Hohn und Spott. Der einflussreiche

Die Malfarben bestehen aus eisenhaltiger Tonerde, die unterschiedliche Schattierungen annehmen kann. Die dunklen Umrandungen wurden meist mit Holzkohle gemalt.

französische Prähistoriker Émile Cartailhac erklärt die Malereien kurzerhand für den Streich eines »Schmierers«. Seine Begründung: Die Malereien können nicht echt sein, da Steinzeitmenschen zu einer solch hohen künstlerischen Leistung gar nicht fähig waren. Ein anderer Forscher beschuldigt Don Marcelino sogar des Betrugs und vermutet, dass er mit einem befreundeten Künstler diese Felsenmalereien selbst angefertigt habe. Zutiefst gekränkt von den Schmähungen der Gelehrten verschließt Don Marcelino seine Höhle wieder. Der Einzige, der nach wie vor an Altamira als echtes Steinzeitkunstwerk glaubt, ist der Prähistoriker Piette aus Paris. In einem

Brief an Cartailhac lädt er diesen ein, sich in der Höhle selbst ein Bild zu machen. Doch der Kollege schlägt die Einladung aus und hält an seiner Meinung fest. Wie konnte es zu einer solchen Verkennung des Fundes kommen?

Im Laufe des 19. Jahrhunderts wird man sich gerade erst bewusst, dass der Zeit, die durch schriftliche Überlieferung bekannt ist, ein weiterer, unglaublich langer Zeitraum vorausgeht, dass es also vor der »geschichtlichen« Zeit eine »vorgeschichtliche« Zeit gegeben haben muss. Damit setzt ein völlig neues Denken ein. Man beginnt, diese »prähistorische« Zeit in Perioden einzuteilen – Steinzeit, Bronzezeit und Eisenzeit –, und die Relikte, die man findet, in diese Perioden einzuordnen. Grundsätzlich herrscht dabei die Überzeugung: je älter, desto primitiver. Um so alt zu sein, wie behauptet, müssten die Malereien von Altamira nach der damaligen Meinung also viel einfacher aussehen. Die Wissenschaft akzeptiert nur das, was ihre vorgefasste Meinung bestätigt und ihrer Lehre entspricht.

Als einige Jahre später, Don Marcelino ist bereits gestorben, immer weitere Höhlen mit ähnlichen Felsenmalereien entdeckt werden, müssen selbst die schärfsten Kritiker ihre Anschauung korrigieren. Allen voran Cartailhac, der in der viel beachteten Schrift »Schuldbekenntnis eines Ungläubigen« sein Fehlurteil eingesteht.

Die Steinzeit wird unterteilt in die Altsteinzeit (Paläolithikum), die Mittelsteinzeit (Mesolithikum) und die Jungsteinzeit (Neolithikum). Die Malereien von Altamira stammen aus der letzten Epoche der Altsteinzeit.

Endlich wird den Höhlenmalereien von Altamira die Bewunderung entgegengebracht, die sie verdienen. Der Titel, den die Höhle heute trägt, »die Sixtinische Kapelle der Steinzeit«, unterstreicht die Bedeutung ihrer Entdeckung. Schließlich handelt es sich um die großartigsten und ältesten Zeugnisse vorgeschichtlicher Kunst in Europa.

Was bleibt?

Die Höhle von Altamira ist heute Teil des UNESCO-Weltkulturerbes. Die Malereien sind nach heutiger Meinung etwa 20 000 bis 30 000 Jahre alt. Unzählige Menschen besuchten die Höhle, seit die Bedeutung ihrer Entdeckung 1902 anerkannt wurde. Sie brachten Wärme, Feuchtigkeit und Bakterien mit, die den Malereien innerhalb kurzer Zeit stark zusetzten, weshalb die Höhle seit 1979 für Besucher gesperrt ist. Sie wurde jedoch mitsamt den Malereien etwa 500 Meter von der historischen Höhle entfernt für Besucher originalgetreu nachgebildet. Seit 1962 zeigt auch das Deutsche Museum in München die Malereien in einer Nachbildung.

- STECKBRIEF -

DON MARCELINO SANZ DE SAUTUOLA
* 2.6.1831 + 2.6.1888

MARIA SANZ DE SAUTUOLA
* 23.8.1870 + 05.9.1946

In Kürze: Entdecker der ersten steinzeitlichen Malereien.

Don Marcelino war ein spanischer Jurist und Hobbyarchäologe, auf dessen Land sich die Höhle von Altamira befand. In deren Innern entdeckte seine kleine Tochter Maria Bilder von Tieren, die sich als die ersten bekannten Steinzeit-Malereien herausstellten. Dem Leben der beiden und ihrer Entdeckung setzte der Kinofilm *Altamira* aus dem Jahr 2016 (mit Antonio Banderas als Vater und Allegra Allen als Tochter) ein Denkmal.

Der Vater der Vergleichenden Archäologie –
William Matthew Flinders Petrie vermisst
(nicht nur) die Pyramiden

Gizeh, Ägypten, 1880: Im Zwielicht der Abenddämmerung huscht eine dunkel gekleidete Gestalt über das Ausgrabungsgelände und verschwindet in der Großen Pyramide. Zwei Einheimische beobachten verwundert das Geschehen und sehen sich an. Ihre Blicke scheinen sagen zu wollen: Da ist er ja wieder, der verrückte Archäologe! Der komische Engländer, der mit den Pyramiden spricht und seltsamerweise die Nächte in ihrem Innern verbringt, sobald alle Touristen verschwunden sind. Was er dort macht? Seltsame Dinge, so munkelt man.

Der »Verrückte« ist ein junger Engländer namens William Matthew Flinders Petrie. Sein Verhalten sorgt in vielerlei Hinsicht für Aufsehen bei den Einheimischen, allein schon deshalb, weil er seit dem ersten Tag seines Aufenthalts in Gizeh in einer leeren Grabkammer wohnt. Er hält seine Unterkunft für äußerst komfortabel, schließlich herrschen in der Kammer Ruhe und eine angenehme Temperatur. Hier hat er sich häuslich eingerichtet, hat Feldbett und Regale aufgestellt, und Topf und Spirituskocher ersetzen ihm die Küche. Die Überreste alter Mumien, die er im Sand unter seinem Bett verwahrt, bereiten ihm weder Angst noch Unbehagen. Das tun viel eher die Unmengen an Ameisen und Fliegen, die ihn Nacht für Nacht belästigen. Dass die Menschen in seiner Umgebung ihn für verrückt halten? Das stört ihn nicht, einzig und allein seine Arbeit ist ihm wichtig. Und da ihm »gesellschaftliche Konventionen« – also das Gerede darüber, was man tun darf und was nicht – ebenfalls vollkommen egal sind, kann man ihn draußen gelegentlich in Unterwäsche sehen. Hinter den dicken Pyramidenmauern lässt er sogar seine gesamte Kleidung fallen, um an der brütend heißen Grabstätte splitterfasernackt herumzulaufen und zu arbeiten.

Die Große Pyramide von Gizeh! Wegen dieses sagenumwobenen Gebäudes hat er sich auf die Reise gemacht: Er will dieses Wunderwerk der Architektur vermessen!

Sollte stimmen, was über Petries Ausgrabung augenzwinkernd berichtet wird? »Bei Petrie lebte man von Sardinen, und wenn man die Sardinen gegessen hatte, aß man die Dose.«

Seine Leidenschaft fürs Vermessen und für die Antike haben ihm seine Eltern mit in die Wiege gelegt: Am 3. Juni 1853 erblickt der Sohn eines Ingenieurs und einer Lehrerin im Londoner Stadtteil Charlton das Licht der Welt. Die Mutter – sie unterrichtet Altgriechisch und Hebräisch – drückt Willy, sobald er bei Krankheit das Bett hüten muss, statt Märchen oder Kindergeschichten Lehrbücher über Hieroglyphen in die Hand. Und der Kleine? Der hat seinen Spaß daran, zeichnet die rätselhaften Zeichen ab und lernt sie auswendig.

Da William gar nicht zu kränkeln aufhört, gibt der Arzt den Eltern den Rat, den schmächtigen kleinen Jungen so selten wie möglich nach draußen zu lassen. In die Schule darf er nicht mehr gehen, und auch der Unterricht zu Hause wird auf das Nötigste beschränkt. Doch wissbegierig, wie er ist, sucht er sich bald selbst eine Beschäftigung: Von seinem Vater hat William seine Leidenschaft für Zahlen und technische Geräte geerbt. Und so tut der kleine Junge bald nichts lieber, als die Stücke seiner Münzsammlung auszumessen und zu wiegen.

Und die Archäologie? Genau wie seine Eltern interessiert William sich für alles, was aus längst vergangenen Zeiten stammt; die Faszination, nur wenige Zentimeter ins Erdreich eindringen zu müssen, um Jahrhunderte oder sogar Jahrtausende in die Vergangenheit zu blicken, hat auch ihn ergriffen. William liest jedes Buch über die Antike, das er in die Finger kriegen kann. Zudem gehen im Hause Flinders Petrie Archäologen, Historiker und andere Gelehrte ein und aus. Immer mittendrin: der kleine Willy. Als er acht Jahre alt ist, bekommen seine Eltern Besuch von einem befreundeten Wissenschaftler. Was dieser von der Ausgrabung einer altrömischen Villa auf der Isle of Wight zu berichten hat, sorgt bei William für Empörung. Für die Grabungsarbeiter sind nur die großen und kostbaren Artefakte von Bedeutung. Die vielen Scherben und Reste alter Gefäße, die beim Graben auftauchen, werden weggekarrt und achtlos auf immer größer werdende Abraumhügel geschüttet. Lautstark macht William seiner Empörung Luft. All diese kostbaren Funde dürfen doch nicht einfach so auf dem Müll landen! Ist es nicht jede noch so kleine Scherbe wert, genauer betrachtet zu werden? Dieser kleine Willy! So ein heller und fortschrittlicher Kopf. Später bezeichnet er sich im Hinblick auf diese Anekdote gerne als den geborenen Archäologen.

Als ihm mit 13 Jahren ein Buch über die Große Pyramide von Gizeh in die Hände fällt, ist William endgültig für die Archäologie entflammt. Um dieses Bauwerk ranken sich die kuriosesten Theorien, gründlich vermessen hat es aber noch niemand. Schnell steht sein Entschluss fest: Diese wichtige Aufgabe wird er einmal selbst übernehmen! Doch Ägypten ist weit, und es sollen noch viele Jahre vergehen, bis William tatsächlich mit Messgeräten und Notizblock vor der Großen Pyramide steht. Da heißt es, erst einmal vor der eigenen Haustür anzufangen! Den dafür nötigen Sextanten baut William sich bald kurzerhand selbst. Damit möchte er die Tumuli genannten Hügelgräber und andere vorgeschichtliche Stätten in seiner Heimat, der englischen Grafschaft Kent, vermessen.

Als William einige Jahre später der Kartensammlung des Britischen Museums einen seiner regelmäßigen Besuche abstattet, stellt er fest, dass es keine modernen Pläne der berühmten englischen Steinkreise, jener geheimnisumwitterten Kultstätten, gibt. Das will er ändern! Mit seinem Vater macht er sich 1872 auf den Weg, um das größte und berühmteste dieser Monumente zu vermessen und zu zeichnen: Stonehenge.

Und mit gerade einmal 19 Jahren erstellt der penible William eine Systematik der Steinkreise, die bis heute von Wissenschaftlern überall auf der Welt genutzt wird.

Mit Anfang 20 beginnt William, ausgedehnte Forschungsreisen durch Südeng-

Stonehenge ist ein Monument aus riesigen aufrecht im Kreis stehenden Steinen. Es befindet sich im Süden Englands und stammt aus der Steinzeit. Wofür es einst verwendet wurde, können Wissenschaftler nur vermuten: für Gottesdienste, als Begräbnisplatz oder als Stätte zur Beobachtung von Himmelskörpern.

land zu unternehmen. Er fährt im Zug dritter Klasse, schläft unter freiem Himmel oder in Scheunen, ernährt sich von trockenem Brot und läuft an manchen Tagen 35 Kilometer weit, um jeden noch so entlegenen Ort zu erreichen und Grabhügel oder Steinkreise zu vermessen. Auf diese Weise fertigt William im Laufe der Jahre über 150 detaillierte Karten von historischen Stätten im Süden Englands an.

Nicht nur hier, sondern in ganz Großbritannien und auch darüber hinaus kennen Forscher bald den Namen dieses akribischen jungen Wissenschaftlers. Und so kommt es, dass er im Jahr 1880 mit gerade einmal 27 Jahren endlich die ersehnte Möglichkeit bekommt, das Weltwunder zu vermessen, das er nie aus den Augen verloren hat: die Pyramiden von Gizeh!

Am 14. Dezember 1880 legt Petries Schiff im Hafen von Alexandria an. Zu dieser Zeit ist der französische Ägyptologe Auguste Mariette Herr über die Antiken im Land. Viele Menschen sind begeistert von seiner Art, Ordnung und Disziplin in das Chaos im Tal der Könige, in die verschiedenen altägyptischen Schauplätze zu bringen. Bevor Mariette vor mehr als 20 Jahren als Direktor des Altertümerdienstes eingesetzt worden war, hatte jeder, der einen Spaten halten konnte, auf eigene Faust herumgebuddelt. Mariette vergibt nun systematisch Grabungslizenzen und lässt jede Ausgrabung überwachen.

Flinders Petrie jedoch spürt keine Begeisterung, sondern ist vollkommen entsetzt darüber, wie in Ägypten Archäologie betrieben wird. Den Umgang mit den Antiken hält er für eine Katastrophe. Er schreibt in sein Tagebuch: »Es macht einen krank, zu sehen, mit welcher Geschwindigkeit alles vernichtet wird und wie wenig man an der Erhaltung interessiert ist. «

Und dann der blühende Handel mit den Antiken! In Ägypten wimmelt es von Händlern, die hemmungslos die wertvollsten Stücke von den Grabungen stehlen lassen und sie außer Landes schaffen. Unscheinbare Funde wie Tonscherben und Keramikbruchstücke werden als wertloser Müll angesehen. Dabei könnten diese Fundstücke doch so unglaublich Wichtiges über das Alte Ägypten erzählen!

Auch die wenig gewissenhafte Weise, in der das Nationalmuseum in Kairo geführt wird, empört Petrie über alle Maßen. »Das Museum hat seltsame Methoden, Geschäfte ohne Schecks abzuwickeln.« Und noch schlimmer ist der Umgang mit den Exponaten: Mumien verrotten, Ausstellungsobjekte werden an Händler verkauft.

Neben der Großen Pyramide, der Cheops-Pyramide, gibt es in Gizeh noch die Pyramiden des Chephren, die des Mykerinos sowie kleine Königinnenpyramiden. Die Großen Pyramiden von Gizeh wurden zwischen 2620 und 2500 v. Chr. gebaut und sind das einzige erhaltene Weltwunder der Antike.

Ägypten kommt ihm vor wie ein brennendes Haus, so schnell geht die Zerstörung voran. Wohin Flinders Petrie auch blickt: Überall müsste sich etwas verändern! Er weiß natürlich, dass ein Mann alleine diese Veränderung nicht herbeiführen kann, doch alles, was er zur Rettung und Erforschung der ägyptischen Altertümer tun kann, will er tun. Und so setzt Flinders Petrie seine Vermessungsarbeit, der er schon in seiner Heimat so akribisch nachgegangen ist, in Ägypten unbeirrt fort. Er vermisst die Große Pyramide so gründlich und gewissenhaft, wie es noch niemand zuvor getan hat, ermittelt ihre Maße und Winkel und untersucht ihre Positionierung innerhalb der Himmelsrichtungen. Von morgens bis abends tut er monatelang nichts anderes als messen, messen, messen ... »Die Tatsache ist der Tod jeder Theorie«, so seine Überzeugung: Nur mit Fakten wird er etwas gegen wüste Theorien bewirken können.

Bereits während der Ägyptenexpedition von 1789 hatte ein Gelehrter aus dem

Vergleichende Archäologie

Flinders Petrie zeigt, dass sich die Spuren einer Besiedlung in Schichten abzeichnen: Gräbt man senkrecht in den Boden, sind die Schichten als Streifen in der Seitenwand, dem Schnitt, zu erkennen. Wenn also zwei Scherben aus ein und derselben Schicht stammen, stammen sie auch aus derselben Zeit. Scherben aus einer tieferen Schicht sind also älter als solche aus einer höher gelegenen Schicht. So kann man die Scherben in eine Chronologie einordnen, auch wenn man nicht weiß, aus welchem Jahr sie stammen. Dies nennt man »relative Chronologie«. Hat man einen festen zeitlichen Anhaltspunkt wie zum Beispiel eine Inschrift, die den Namen von jemandem nennt, dessen Lebensdaten man kennt, kann man daraus eine »absolute Chronologie« ableiten und ganz genau datieren.
Dank dieser Erkenntnis gilt Flinders Petrie als Vater der Vergleichenden Archäologie.

Stab Napoleons das Bauwerk vermessen. Anders als Petrie, der nie von einer vorgefertigten Theorie ausgeht, hatte sich jener Wissenschaftler dabei eine ganz konkrete Frage gestellt: Bestanden zwischen den Maßen der Pyramide und denen der Erde womöglich irgendwelche Verbindungen?

Das vermutete 70 Jahre später auch der britische Publizist und Hobbyarchäologe John Taylor. Nach seiner Ansicht hatten die Erbauer der Großen Pyramide die Kugelform der Erde abgebildet, hatte er doch in ihren Maßen die Kreiszahl Pi ausgemacht.

Flinders Petrie kann mit diesen und anderen, noch viel wilderen Spekulationen nichts anfangen. Die Pyramiden – Träger verborgener Botschaften, die auf Planetenbahnen, Kriege oder gar auf das Ende der Zeit hindeuten? Mit seiner peniblen Vermessung der Großen Pyramide und der Pyramiden, die sie umgeben, will Petrie dem Fortschritt die Tür öffnen und all jenen, die haarsträubende Ideen verbreiten oder daran glauben, den Wind aus den Segeln nehmen. Wissenschaft und die Analyse von Fakten ist das Gebot der Stunde! Petrie findet heraus, dass die Erbauer der Großen Pyramide ihrer Konstruktion die ägyptische Königselle zugrunde gelegt haben, ein verbreitetes Maß im Alten Ägypten, das unter anderem für die Ermittlung der Nilfluthöhe verwendet wurde.

Doch es geht Petrie nicht nur um Zahlen und Maße, ihn interessiert auch das Leben der Menschen zur Zeit der Pyramiden. Nach seiner Meinung sollte die Archäologie nicht darin bestehen, »Mumien vorzuzeigen, als vielmehr darin, die

Gibt es so etwas wie ein göttliches Maß? Eine Einheit, die alles Messbare, die gesamte Schöpfung, miteinander in Beziehung setzt und die auch beim Bau der Pyramiden Verwendung fand? Ist der englische Zoll *(inch)* womöglich dieses biblische Maß? Petrie räumt mit allen Theorien auf und erkennt die ägyptische Königselle als die dem Weltwunder zugrunde liegende Maßeinheit.

alten Ägypter darzustellen, so wie sie lebten, ehe man sie zu Mumien machte«. Über seine Erkenntnisse schreibt Petrie später sein Werk *The Pyramids and Temples of Gizeh,* das bis heute von Ägyptologen und Archäologen studiert wird.

Die Vermessung der Pyramiden von Gizeh ist jedoch nur der Anfang von Petries jahrzehntelanger Forschung in Ägypten. Der *Egypt Exploration Fund* schickt ihn in den Jahren ab 1883 auf verschiedene Grabungen im ganzen Land. Er gräbt im Nildelta, in Amarna, entdeckt zum Beispiel die antike Stadt Naukratis und findet Königsgräber in Abydos. Unterbrochen von Aufenthalten in Großbritannien – vor allem während der heißen Sommermonate, in denen an Ausgrabungen in Ägypten nicht zu denken ist –, verbringt Petrie die nächsten 45 Jahre im Land am Nil.

Dabei interessieren ihn nicht nur die großen Bauwerke, die Pyramiden und Tempelanlagen, er bewahrt sich auch seinen Blick für das Kleine, Unscheinbare, wie die von den Ausgräbern so gern übersehenen Scherben alter Gefäße. Mit Professor Gaston Maspero, dem Nachfolger Mariettes, hat Petrie eine Abmachung: Diese kleinen Fundstücke darf er mitnehmen, denn sie würden ohnehin nur auf dem Müll landen. Niemand kann sich zu dieser Zeit vorstellen, dass Tonscherben oder Bruchstücke von Keramik Aufschluss über die altägyptische Kultur geben könnten, doch genau das versucht Petrie zu beweisen. Auf seinen eigenen Grabungen gibt er die strenge Anweisung, jeden noch so kleinen Fund, jede Scherbe und jedes Bruchstück aus dem Abhub zu retten, um es genau untersuchen zu können. Er hat die Idee, dass sich mithilfe dieser Scherben ganze Grabungsabschnitte datieren lassen: Kennt man das ungefähre Alter eines Gefäßes, dann weiß man auch etwas über das Alter der Umgebung. Aus dem, was er in Ägypten an Scherben und Bruchstücken entdeckt und zusammenträgt, entwickelt der geniale Archäologe die erste ägyptische Zeitrechnung.

Nachdem einer seiner begabtesten Schüler, Howard Carter, im Jahr 1922 das Grab Tutanchamuns findet, wird Ägypten von Touristen nur so überrollt. Die Regierung führt daraufhin strengere Kontrollen und Gesetze ein. Anders als unter der wohlwollenden Obhut von Maspero hat Petrie nun nicht mehr freie Hand bei seinen Grabungen, letztendlich wird ihm die Arbeit sogar unmöglich gemacht. Unter Protest verlässt er Ägypten und zieht nach Palästina, wo er 16 Jahre später, nach einer Vielzahl weiterer Grabungen, im gesegneten Alter von 98 Jahren stirbt.

Keine Geringere als die englische Schriftstellerin Amelia Edwards gründet 1882 den *Egypt Exploration Fund,* nachdem sie während ihrer Reisen den drohenden Verfall der Antiken erkannt hatte. Der *Fund,* eine Kasse zur Finanzierung von Grabungen und Expeditionen in Ägypten, existiert als *Egypt Exploration Society* bis heute.

Was bleibt?

William Matthew Flinders Petrie war ein Mann der Superlative: Er war ein Neuerer, ein Revolutionär, ein Visionär. Durch ihn wurde die Archäologie zur seriösen wissenschaftlichen Disziplin. Nicht nur, dass Pyramiden fortan nicht mehr mit Sprengstoff geöffnet wurden, wichtig und grundlegend für alle späteren Forschungen war Petries Erkenntnis, dass die unscheinbaren, oft zerbrochenen kleinen Funde auf einer Grabung von Bedeutung sind. Ausgräber begannen nun erstmals, auch das Erdreich, den Schutt, überhaupt das gesamte Gelände zu untersuchen, nicht nur Gebäudereste, Statuen und andere große Artefakte. Auch die Pyramiden wurden erst durch ihn zu wissenschaftlich erforschten Bauwerken. Mithilfe von Scherben bewies Petrie zudem, dass Ägypten Handelsbeziehungen zu ägäischen Kulturen pflegte. Dieser Blick über den ägyptischen »Tellerrand« hinaus war unter den Wissenschaftlern seiner Zeit noch nicht sehr verbreitet.

- STECKBRIEF -

WILLIAM MATTHEW FLINDERS PETRIE

* 3.6.1853 (Charlton/London, England)
+ 28.7.1942 (Jerusalem, Palästina)

Ägyptologe
In Kürze: Pionier der Ägyptologie

Autodidakt, unkonventionell, neugierig und visionär: Petrie war ein archäologisches Genie. Er war der festen Überzeugung, dass sich ein Archäologe nicht nur Kunstwerken, sondern auch unscheinbaren Relikten widmen müsse. So konsequent, wie er das tat, wurde er zum Begründer der systematischen Feldarchäologie.

Obwohl seine Entdeckungen in Ägypten auf den ersten Blick nicht so spektakulär erscheinen wie die mancher seiner Vorgänger und Nachfolger, hat er in den 42 Jahren seiner Tätigkeit »im Kleinen« mehr entdeckt als irgendeiner vor ihm. Petrie war der erste moderne Archäologe.

Wenn Mythen wahr werden – Arthur Evans und die älteste Schrift Europas

Oxford, England, 1889: Arthur Evans, der Direktor des Ashmoleanmuseums, des Antikenmuseums in Oxford, betrachtet konzentriert den roten Schmuckstein in seiner Hand. Winzige Figuren und Gegenstände sind kunstvoll in den roten, steinharten Karneol geritzt, Tierköpfe, ein menschlicher Arm und Pfeile ... Eine Schrift, so scheint es dem Archäologen. Hieroglyphen? Vielleicht, aber ganz sicher keine ägyptischen, die sehen anders aus. Tatsächlich stammt dieser Siegelstein auch gar nicht aus Ägypten, sondern aus dem griechischen Sparta, so behauptet es zumindest der Antikenhändler, der ihm den Gegenstand zum Kauf anbietet. Wie kann das sein? Eine Bilderschrift, aus dem 2. Jahrtausend v. Chr., wie es scheint – auf griechischem Boden? Kurzentschlossen kauft er den Stein für sein Museum, auch wenn er in Betracht ziehen muss, dass er eine gut gemachte Fälschung in Händen hält.

Vier Jahre später schlendert Mr Evans während eines Griechenlandaufenthaltes über einen großen Antiquitätenmarkt in Athen. Die Auslagen eines jungen Händlers wecken sein Interesse. Neben vielen anderen Relikten aus der Vergangenheit entdeckt er an dessen Stand mehrere mit Inschriften versehene Steine, drei- und viereckige Siegel, die große Ähnlichkeit mit jenem haben, den er für sein Museum erworben hat. Von Kreta sollen die Steine stammen, jener sagenumwobenen Insel in der Ägäis, die nicht nur die größte Griechenlands ist, sondern auch Schauplatz furchterregender Geschichten aus ferner Zeit.

Arthur Evans ist wie elektrisiert. Selbstverständlich erwirbt er die Antiken. Doch auch den Kollegen, deren Rat er in der nächsten Zeit einholt, ergeht es wie ihm: Sie zucken ratlos mit den Schultern. Aus welcher Zeit diese kleinen Steine mit den fremdartigen Zeichen stammen und was sie bedeuten, vermag niemand zu sagen. Ein Gedanke lässt Evans nicht mehr los: Möglicherweise hält er gerade den schlagenden Beweis in Händen, der die Existenz von Bilderschrift auf griechischem Boden belegt. Dieser unscheinbare Stein könnte ein Hinweis darauf sein, dass Kreta bereits vor der Griechenzeit besiedelt war, dass es dort eine Kultur gegeben haben könnte, die man noch gar nicht kennt!

Man weiß bisher nicht besonders viel über diese Insel. Zwar sind dort bei Grabungen der letzten Jahre mehrere archäologische Stätten der Jahrhunderte zurückliegenden Griechen- und Römerzeit ans Tageslicht gekommen, aber im Fokus des archäologischen Interesses steht Kreta weiß Gott nicht. Die Insel liegt in fast gleicher Entfernung zu Griechenland, Kleinasien und Nordafrika. Diese Lage hat ihr seit Jahrtausenden verschiedenste Einflüsse aus allen Himmelsrichtungen beschert. Göttervater Zeus soll hier geboren worden sein, so kann man es in den Mythen, den Erzählungen der alten Griechen, lesen.

Will Evans mehr über Kreta erfahren, um an den Ursprung seiner geheimnisvollen Steine zu gelangen, muss er sich auf die Reise dorthin begeben. Zu erforschen gibt es genug: Seit Heinrich Schliemann mit seiner angeblichen Entdeckung Trojas eine Sensation heraufbeschworen hat, zieht man erstmals vorsichtig in Erwägung, dass die im 8. Jahrhundert v. Chr. niedergeschriebenen Dichtungen Homers, die *Ilias* und die *Odyssee,* auf historischen Tatsachen beruhen könnten. Sagengestalten wie König Priamos von Troja oder Agamemnon von Mykene haben also vielleicht einst wirklich gelebt. Warum dann nicht auch König Minos, der Sage nach Herrscher über Kreta? Ob sich seine Spuren dort finden lassen? Und mit ihm eine ganz eigene Kultur mit einer eigenen Schrift? Erstaunlich findet Evans, dass Schliemann bei seinen Ausgrabungen keinen Nachweis für eine Schrift gefunden hat. Eine solch hoch entwickelte Kultur verfügte doch sicherlich über schriftliche Überlieferungen. Vielleicht lässt sich auf Kreta der Schlüssel zur Beantwortung vieler spannender Fragen finden.

1894 betritt Arthur Evans zum ersten Mal die griechische Insel. Er betrachtet den Hügel von Kephala, den der kretische Hobbyarchäologe Minos Kalokairinos 16 Jahre zuvor auf der Suche nach der Vergangenheit teilweise frei-

Die Kultur der Minoer

Die minoische Kultur war die früheste europäische Hochkultur und erstreckte sich vermutlich im Zeitraum von 2800 bis 900 v. Chr. über den gesamten ägäischen Mittelmeerraum. Kreta war ihr Zentrum. Die Minoer erfanden nicht nur die ersten europäischen Schriftzeichen, sondern schufen auch die ersten Straßen Europas, riesige Palastbauten, ausgeklügelte Kanalisationssysteme und Wasserleitungen. Ihren Wohlstand verdankten sie dem regen Seehandel mit Ägypten und den Kulturen im Vorderen Orient. Frauen genossen in der Gesellschaft der Minoer eine hohe soziale Stellung.

gelegt hatte. Ans Tageslicht war damals ein großer Raum mit zahllosen Vorratsge-fäßen gekommen, von dessen Entdeckung acht Jahre vor Evans bereits Heinrich Schliemann Wind bekommen hatte. Auch er war über den Hügel spaziert und hatte darauf gebrannt, ihn vollständig freizulegen, um mehr Licht ins Dunkel der Vergan-genheit zu bringen. Nachdem er bereits in Troja, Mykene und Tiryns gegraben und dabei die bis dahin unbekannte mykenische Kultur ans Tageslicht befördert hatte, hatte sich für Schliemann nun die Frage gestellt, wo deren Ursprünge zu suchen sein könnten. Was war dem klassischen Griechenland vorausgegangen? Die Antwort schien auf Kreta zu liegen. Am liebsten hätte er den Hügel von Kephala, der von Kalokairinos als die Hauptstadt Kretas, als das alte Knossos,

Seit Schliemanns Ausgra-bung in Troja geht man davon aus, dass schon vor der griechischen Antike, also vor der Zeit der ersten Griechen, eine ältere Kul-tur im Mittelmeerraum existierte, die sogenannte mykenische Kultur.

identifiziert werden konnte, erworben. Doch die Türken hatten eine in Schliemanns Augen unverschämt hohe Summe für den Hügel verlangt, und er hatte auf den Kauf dankend verzichtet.

Arthur Evans hingegen zahlt den verlangten Preis ohne zu zögern. Er kauft den gesamten Hü-gel von Kephala-Knossos – eine gängige Methode, um an eine Grabungslizenz zu kommen und unbe-helligt von der Regierung agieren zu können. Seine große Hoffnung ist es, im Boden auf Artefakte mit länge-ren Texten zu stoßen, womöglich auf eine zweisprachige Inschrift, um auf diese Weise nach dem Vorbild Champollions und der ägyptischen Hieroglyphen das Ge-heimnis der kretischen Schrift zu lösen.

1900 ist es endlich so weit: Arthur Evans kann mit seiner lang ersehnten Grabung beginnen. 30 Männer, ausgestattet mit Schaufeln, Hacken und Schubkarren, stehen ihm hilfreich zur Seite. Und nach nur sieben Tagen hält Evans den Beweis in Händen, auf den er so sehnlichst gehofft hatte: Tafeln aus gebranntem Ton, mit Zeichen be-deckt, die wie Buchstaben und Ziffern aussehen. In der *Times* berichtet Evans trium-phierend über Aufzeichnungen in unbekannter Sprache in einem vorgeschichtlichen Schriftsystem, und seine Leserschaft ist fasziniert. Was mag auf den Tafeln verzeich-net sein? Handelt es sich um Inventare? Um Palasturkunden? Zwei Schrifttypen kann Evans auf den Tontäfelchen unterscheiden, und aufgrund der eingeritzten

Vor Evans hat kaum ein Archäologe das große Glück gehabt, eine ganze Kultur zu finden, von der bis dahin niemand wusste!

99

horizontalen Linien, die den Schreibern als Hilfslinien dienten, gibt er der Schrift die Hilfsbezeichnungen »Linear A« und »Linear B«.

Und damit nicht genug: Nur knapp unterhalb der Erdoberfläche, manchmal in nur 30 Zentimetern Tiefe, stoßen die Männer auf die Ruinen eines Palastes, größer als alle Paläste, die man bis dahin kennt. Seine Erbauer gehörten offenkundig einer hoch entwickelten unbekannten Kultur an.

Evans findet über die nächsten 30 Jahre hinweg wundersame Wandmalereien mit Stiersprungszenen, entdeckt Statuetten, Vasen, Schmuck und Bronzen von unübertrefflicher Schönheit, alles in einer so modern anmutenden Formgebung, dass man fast meinen könnte, die Objekte lägen nicht seit über 3000, sondern erst seit drei Jahren unter der Erde. Innerhalb von nur neun Wochen – die Zahl der Arbeiter ist mittlerweile auf das Dreifache gestiegen – legt er 8000 Quadratmeter, eine Fläche so groß wie zehn Handballfelder, frei und eröffnet den Blick auf das Zentrum einer vergessenen Kultur.

Vermutungen, die elf Jahre zuvor mit einem kleinen Stein begonnen hatten, finden hier eine fast unglaubliche Bestätigung.

Was bleibt?

Arthur Evans rekonstruierte all das, was er entdeckt hatte, und entwickelte dazu eine Theorie, der zufolge um 2800 v. Chr. Siedler aus Kleinasien und Libyen nach Kreta gekommen seien und die steinzeitlichen Menschen, die sie vorfanden, verdrängt hätten. Diese Theorie gilt jedoch heute als widerlegt. Die Freilegung von Knossos bedeutete nicht nur die Entdeckung eines imposanten Palastes, sondern auch den Zugang zur ältesten Hochkultur Europas. Arthur Evans ist die Wiederentdeckung einer ganzen Kultur zu verdanken, die er nach König Minos als »minoisch« bezeichnete.

Evans leitete die Ausgrabungen auf Kreta bis zum Jahr 1935. Im Jahr 1941 starb er im Alter von 90 Jahren, allseits hoch verehrt und ausgezeichnet, als Sir Arthur Evans in Oxfordshire.

Die Entschlüsselung von Linear A und Linear B blieb bis zu seinem Lebensende sein größter Ehrgeiz. Doch das gelang erst nach seinem Tod, zumindest teilweise: Linear A ist bis heute unentschlüsselt, da ihr eine unbekannte Sprache zugrunde liegt. Linear B jedoch ist auf Griechisch verfasst, wodurch es dem Sprachwissenschaftler Michael Ventris 1952 gelang, sie zu entschlüsseln.

– STECKBRIEF –

SIR ARTHUR JOHN EVANS

* 8.7.1851 (Nash Mills, England)
+ 11.7.1941 (Youlbury, England)

Archäologe, Museumsdirektor
In Kürze: Entdecker des Palastes von Knossos und der minoischen Kultur

Als Sohn wohlhabender Eltern, der Vater selbst ein Archäologe, drehte sich schon in Evans' Elternhaus alles um die Vergangenheit. Evans war von 1884 bis 1908 Direktor des Ashmolean Museum in Oxford. Bei Ausgrabungen auf Kreta entdeckte er den Palast von Knossos, erweckte das antike Volk der Minoer zum Leben und fand Spuren der ältesten Schriftkultur Europas. Wie Schliemann orientierte sich Evans bei der Deutung seiner Funde an den antiken Mythen.

Im Auftrag des Kaisers –
Robert Koldewey gräbt in Babylon

Berlin im Jahr 1904: Seit fünf Jahren gräbt Robert Koldewey, der kauzige Forscher, schon in Babylon, einem verlassenen Ort in Mesopotamien unweit von Bagdad. Nun hat er der Ausgrabungsstätte endlich einmal den Rücken gekehrt, hat sich auf die weite Reise gemacht und befindet sich zum ersten Mal auf »Heimaturlaub«. Verwandte und Freunde freuen sich auf seinen Besuch, auf seine komischen Geschichten, und sogar der Kaiser persönlich, Wilhelm II., hat geladen und bittet ihn in sein Wohnzimmer im Berliner Schloss. Schließlich ist Koldewey der einzige Deutsche im Orient, der in solch einer Mission unterwegs ist ...

Der kunstinteressierte Monarch nimmt an der Arbeit des Archäologen lebhaften Anteil. Mehr noch als an Forschungsergebnissen ist er allerdings an aufsehenerregenden Funden interessiert. Schließt er die Augen, kann er es schon vor sich sehen: ein Museum mitten in Berlin, über dem Eingang sein Name, die Räume gefüllt mit Objekten aus dem Orient, aus Orten und Zeiten, die die Menschen in Erstaunen versetzen, und so sensationell, dass nicht nur die Berliner dorthin strömen. Originalstücke wünscht der Kaiser sich, aus einem Land, das in der Bibel eine gewichtige Rolle spielt. Welches Museum kann seinen Besuchern etwas solch Beeindruckendes bieten?

Babylon war einst ein Ort der Superlative, die größte Stadt der Welt. Der Name dieser Stadt, die mit ihren 1179 Tempeln einmal das Zentrum des gesamten Alten Orients war und als Mittelpunkt des Kosmos galt, ist aus Erzählungen bekannt. Man sagte, dass hier die Achse verlief, die Himmel und Erde miteinander verband. Zwar liegt dieses zu Stein gewordene Wunder seit mehr als 2000 Jahren in Schutt und Asche – der Turm zu Babel, die Hängenden Gärten der Semiramis und auch die berühmten Stadtmauern, die man mit Wagen befahren konnte –, doch bis zum heutigen Tag sind die Menschen von diesem Ort fasziniert. Auch hat der Turm zu Babel eine besondere Bedeutung. Das Gebäude, eigentlich der ganze Ort schlechthin, ist zum Sinnbild für die Überheblichkeit der Menschen geworden: Weil sie glaubten, einen Turm errichten zu können, der bis zu Gott reichen werde, wurde den Menschen das Ende ihrer Stadt prophezeit. Vor allem den Namen eines großen Mannes verbindet man mit Babylon: König Nebukadnezar II. (605–562 v. Chr.), der Jerusalem erobert und seine jüdischen Einwohner nach Babylon verschleppt hatte. Was mag Koldewey in der geheimnisvollen Stadt entdeckt haben? Vielleicht sind die Deutschen der britischen Konkurrenz zumindest auf diesem Gebiet eine Nasenlänge voraus? Die Entzifferung der Keilschrift ist fast 100 Jahre zuvor immerhin einem Deutschen geglückt. Und auch den Triumph einer bedeutenden archäologischen Entdeckung im Orient muss ein Deutscher erringen, so will es der deutsche Kaiser!

Wilhelm II. setzt nicht nur große Hoffnung in die Arbeit Koldeweys, er genießt die Gesellschaft des eigenwilligen Ausgräbers auch ungemein. Der ist ein so unterhaltsamer und kundiger Gesprächspartner, dass sich der Kaiser selbst im Land am Euphrat wähnt, sobald der wenig Ältere nur den Mund aufmacht.

Der Monarch hatte den Archäologen bereits sechs Jahre zuvor in seinem Schloss empfangen. Am Ende der Audienz hatte er ihn damit beauftragt, das prachtvolle Baalbek zu erkunden. Diese monumentale Ruinenstadt aus römischer Zeit interessierte den Herrscher deshalb, weil der von ihm hoch verehrte Kaiser Antoninus Pius den dortigen Jupitertempel gebaut haben soll.

Koldewey hatte den Kaiser auf seine Frage: »Wann können Sie reisen?« mit einem »Heute Abend!« in Erstaunen versetzt, kannte Seine Majestät doch Koldeweys Gewohnheit nicht, stets einen gepackten Expeditionskoffer mit sich zu führen.

Nun steht Koldewey wieder vor ihm, berichtet aus Babylon und zeigt Grundrisse von ausgegrabenen Gebäuden, die sogar dem architektonisch ungeschulten Kaiser die Ruinen plastisch vor Augen führen. Koldeweys Geheimnis: Er zeichnet alles, jedes Gebäudeteil und jeden noch so kleinen Mauerrest, so, als sei er von der Sonne aus Südosten beleuchtet. Das bedeutet: Er zeichnet auch Schatten – kurze Schatten für niedrige, lange für hohe Mauerreste.

Robert Koldewey ist ein Beamtensohn, der 1855 in dem kleinen Ort Blankenburg im Harz geboren wird. Zehn Jahre ist er alt, als seine Eltern mit ihm und der Schwester nach Altona bei Hamburg ziehen. Architekt will er werden, und so beginnt er nach dem Ende seiner Schulzeit mit dem Studium der Architektur, zieht dafür nach Berlin, München und Wien. In dieser Zeit lernt er eine Gruppe junger amerikanischer Wissenschaftler kennen, die für eine Forschungsreise nach Griechenland und in die Türkei altertumsbegeisterte Architekten suchen. Da sich die jungen Männer auf Anhieb sympathisch sind, bittet man Koldewey um Begleitung. Von nun an vergeht kein Jahr, in dem er nicht als Ausgräber unterwegs ist. Er erkundet die Troas rund um Troja, begleitet eine Expedition nach Mesopotamien, vermisst und zeichnet in Italien antike Gebäude ... Seine beiden großen Leidenschaften – Architektur und Antike – sind kaum mehr voneinander zu trennen. Sein Studium beendet er allerdings nie.

1897 erhält er aus Berlin die Bitte zur Teilnahme an einer Vorexpedition. Er soll gemeinsam mit dem Orientalistikprofessor Eduard Sachau für die Preußischen Museen einen Ort finden, der sich für Ausgrabungen lohnen könnte. Uruk, Assur, Babylon – diese Namen klingen verheißungsvoll, fremd und gleichzeitig seltsam vertraut. Nachdem bereits Franzosen und Engländer kostbare Kunstschätze aus Assyrien in ihre heimischen Museen geschafft haben, erwartet der Kaiser ähnliche

Funde auch für das Deutsche Reich. Nicht nur im Erwerb von Kolonien konkurrieren diese Mächte miteinander, die »Aufholjagd« betrifft in gleicher Weise die Kunst einstiger Weltreiche.

Die Erkundungsreise führt die Männer nach Bagdad, von wo aus sie mit einer Karawane nach Babylon reisen, das noch unter der Erde liegt. Zwischen dem endlosen Sand und den Hügeln, die die Einheimischen als »Babil« bezeichnen, fallen Koldewey zerbrochene, mit bemerkenswerten Bildern verzierte Ziegel auf. Drei von ihnen nimmt er mit.

Zurück in Berlin, berichtet Koldewey voller Begeisterung von Babylon, lässt den verfallenen Ort in seinen Erzählungen förmlich auferstehen und zaubert – als Höhepunkt seiner mitreißenden Beschreibung – die mitgebrachten Ziegel hervor. Seine Zuhörer sind begeistert. Ja, Babylon, die Hauptstadt der aus der Bibel bekannten neubabylonischen Könige mit Prunk, Pracht, monumentaler Architektur – perfekt für eine Mission wie diese!

Die Museumsleute entscheiden sich für Babylon und für Koldewey. Wer sonst verfügt in Deutschland über solch vielfältige Erfahrungen als Ausgräber im Orient? Außerdem ist er ein Mann der Tat, kein »Schreibtischtäter« wie die meisten seiner Kollegen. Und er spricht fließend Arabisch!

Nur wenige Monate später wird die Deutsche Orient-Gesellschaft ins Leben gerufen, die die Orient-Grabungen für die preußischen Museen durchführen soll. Die Erforschung Mesopotamiens wird zu einer der wichtigsten Aufgaben im deutschen Kaiserreich und der Kaiser persönlich ist der Vorsitzende der Gesellschaft. Von hier und aus der Privatkasse des Monarchen soll die Babylon-Expedition finanziert werden. Vorsorglich gründet man bereits jetzt eine geräumige Vorderasien-Abteilung innerhalb der Preußischen Museen.

Am 11. Dezember 1898 verlässt Koldewey Berlin, reist über Baalbek bis Aleppo, wo er mit einem Assistenten die Grabung vorbereitet. Eine Karawane bringt sie

Babylon
Babylon war als Hauptstadt des Babylonischen Reichs ein ganz besonderer Ort: Schon während des 2. Jahrtausends v. Chr. galt die prachtvolle Stadt als Zentrum der Welt, ja als Zentrum des gesamten Kosmos. Sie erstreckte sich über ein Areal, wie es heute etwa der kleine Staat Andorra mit einer Größe von rund 470 Quadratkilometern einnimmt. Als die Grabungen in Babylon begannen, zeugten nur sandbedeckte Hügel von der einstigen Anlage, die bereits seit Jahrhunderten verlassen und zerstört dalegen hatte. Robert Koldewey konnte wegen des hoch stehenden Grundwasserspiegels im Euphratgebiet nicht so tief graben wie ursprünglich er-hofft und stieß deshalb beim Freilegen des Areals nur in die Zeit Nebukadnezars II. (605–652 v. Chr.) und nicht bis ins 2. vorchristliche Jahrtausend vor.

weiter über Bagdad nach Babylon, wo sie am 26. März mit zunächst 24 Arbeitern die Ausgrabung beginnen. Das Ziel der Mission: Skulpturen und andere Altertümer für die königlichen Museen finden, Reste von Bauwerken entdecken und dokumentieren; gute Fotos sind ebenfalls erklärter Wunsch der Kommission.

Der erste und wichtigste Abschnitt, den sich Koldewey vornimmt, besteht aus mehreren Erdhügeln, die ihm vielversprechend erscheinen. *Qasr* nennen es die Einheimischen, »Schloss«. Hier erhofft er sich den Palast König Nebukadnezars. Nach sechs Wochen sieht er sich gezwungen, die Zahl der Arbeiter auf 190 Mann zu erhöhen: Die Erdmassen, die bewegt werden müssen, um überhaupt auf Gebäudereste zu stoßen, sind unfassbar. Teils müssen die Männer mit ihren Hacken 24 Meter in die Tiefe gehen!

In den nächsten fünf Jahren wird rund um das Qasr gegraben, außerdem werden an verschiedenen anderen Stellen – über das gesamte riesige Areal verstreut – mehrere Grabungsfelder eröffnet. Ein eigens dafür beschäftigter reitender Bote hält den Kontakt zwischen den Ausgräbern.

Die Hitze kostet Koldewey Kraft und zehrt an seiner Gesundheit. Er kränkelt häufig und altert zusehends. Kein Wunder, wenn er bis in die kalte Jahreszeit hinein auf dem Dach des Grabungshauses unter einem durchnässten Bettlaken schläft, auf das es aus einer Konservenbüchse tropft. Verdunstungskälte solle das erzeugen und ihm guttun, so seine Überzeugung.

Auch die Situation auf der Grabungsstätte ist erschöpfend: Die Anlage, die Koldeweys Arbeiter inzwischen freigelegt haben, ist riesig, unüberschaubar, ihre Baugeschichte verworren und unklar. Gar nicht zu sagen, wie die zahllosen Mauerzüge, Straßen, Kanäle und Räume zu erklären sind, die sich vor ihm auftun. Aus Berlin kommt der ernüchternde Hinweis, dass man mit den bisherigen Ergebnissen noch nicht zufrieden sei, und so konzentriert sich der Archäologe ganz auf das Qasr. Immer mehr farbige Ziegelreliefs von überwältigender Leuchtkraft treten hier nun in immer dichterer Folge ans Tageslicht, mächtige Löwen, Stiere und seltsame Fabelwesen sind auf ihnen abgebildet. Eine zehn Meter breite Straße liegt bereits vor Koldewey, als er eines Tages im Jahr 1903 auf eine weitere riesige architektonische Struktur stößt, ein Tor, das er in den folgenden neun Monaten freilegen lässt, das Ischtar-Tor. Das Ischtar-Tor war zur Zeit Nebukadnezars II. eines der fünf Tore der

Allein der innere Bereich der Stadt erstreckt sich über ein Areal von je 2,5 Kilometern Seitenlänge und ist damit dreimal so groß wie Monaco. Hier lebten einst rund 80 000 Menschen.

Stadt. Es lag am Ende einer zehn Meter breiten Straße, der »Prozessionsstraße«, die vom Stadttempel des Gottes Marduk bis zur Stadtmauer führte und ganz besonders prachtvoll gestaltet war. Es war der Hauptgöttin Ischtar geweiht und trug ihren Namen. Das Tor war ein Teil der sagenumwobenen Stadtmauern Babylons, auf denen man mit Pferd und Wagen fahren konnte und die einst zu den Weltwundern der Antike gezählt wurden. Ein umwerfendes Gebäude muss das einmal gewesen sein! Koldewey sieht es in Gedanken bereits vor sich, wiederaufgebaut mitten in Berlin. Bei seinem ersten Urlaub in Deutschland wird er dem Kaiser davon berichten.

Bis zum Ausbruch des Ersten Weltkriegs 1914 gelingen Koldewey weitere sensationelle Funde: Er ergräbt den Palast des Nebukadnezar, findet die Stelle, an der er die Hängenden Gärten der Semiramis vermutet, und entdeckt das Fundament eines weiteren Weltwunders, des Turms zu Babel, lauter Entdeckungen, in denen ihm die Wissenschaftler größtenteils bis heute folgen.

Im Jahr 1917 verlässt Koldewey Babylon, ohne seine Arbeiten abschließen zu können. Der Verlauf des Krieges, in den der Kaiser die halbe Welt geführt hat, lässt ihm keine Wahl. Weil er überstürzt aufbricht, bleiben alle bis dahin nicht außer Landes verbrachten Funde zurück. Am 4. Februar 1925 stirbt Koldewey im Alter von 69 Jahren in Berlin, ohne noch einmal nach Babylon zurückgekehrt zu sein. Seinen größten Traum, den Wiederaufbau des Ischtar-Tores in Berlin, erlebt er nicht mehr.

Seine Bedeutung für die Wissenschaft zeigt sich auch an der ein Jahr nach seinem Tod gegründeten Koldewey-Gesellschaft, in der sich Wissenschaftler der Erforschung alter Gebäude widmen.

— STECKBRIEF —

JOHANNES GUSTAV EDUARD ROBERT KOLDEWEY

* 10.9.1855 (Blankenburg)
+ 4.2.1925 (Berlin)

Architekt, Archäologe
In Kürze: Ausgräber Babylons,
Begründer der „Bauforschung"

Robert Koldewey war zu seiner Zeit der einzige deutsche Archäologe, dem man eine Expedition ins Euphrat-Gebiet zutraute. Er darf als Wegbereiter einer neuen Archäologie, der „Bauforschung", bezeichnet werden, die erstmals besondere Wertschätzung gegenüber Architektur und deren Erforschung zeigte. Nach seiner Rückkehr 1917 arbeitete er u.a. bei Ausgrabungen auf der Insel Rügen.

Was bleibt?

Koldewey hat mit der Ausgrabung Babylons tatsächlich einen sagenumwobenen Ort zurück in die Gegenwart geholt, nie zuvor ist eine antike Stadt so umfangreich freigelegt und dokumentiert worden. Wie geplant war 1910 mit dem Bau eines neuen Museums extra für die Funde aus dem Orient begonnen worden. Als 1927 die zweite Ladung mit 500 Kisten, gefüllt mit Ziegeln, die Koldewey 1917 in Babylon hatte zurücklassen müssen, im noch unfertigen Museum eintraf, lebte der Archäologe schon nicht mehr. Doch ging nun einer seiner Träume in Erfüllung: Schon bald nachdem das Museum als »Pergamonmuseum« auf der Berliner Museumsinsel 1930 seine Türen geöffnet hatte, gehörte das Ischtar-Tor zu den wichtigsten Ausstellungsgegenständen. Bis heute ist es einer der größten Publikumsmagnete im Vorderasiatischen Museum und zeigt einen Teil der Stadt Babylon zu Zeiten Nebukadnezars II. Um Koldeweys Arbeiten fortzuführen, kehrten Archäologen ab 1945 noch einmal nach Babylon zurück, rekonstruierten den Palast und das römische Theater. Der Irak ließ unter Saddam Hussein die antike Stadt zu einer Touristenattrak-tion rekonstruieren. Der verhasste Diktator nutzte den Ort als Festivalstätte, um sich hier als zweiten Nebukadnezar zu feiern. Während des letzten Irak-Krieges im Jahr 2003 wurden viele antike Gebäude zerstört, US-amerikanische Truppen schlugen in den antiken Stätten ihr Lager auf und ließen Ausgrabungsfunde aus dem Weg räumen. Seit 2004 finden in Babylon keine Grabungen mehr statt.

Gertrude Bell

»Kein Krieg kann meiner Zuneigung und Wertschätzung ein Ende setzen, die ich für Koldewey empfinde«, schrieb Gertrude Bell über den Babylon-Entdecker. Sie war eine ungewöhnliche Frau, Archäologin, Forschungsreisende, als »weiblicher Lawrence von Arabien« beriet sie den irakischen König in politischen Angelegenheiten. Allein ihr ist es zu verdanken, dass die Babylon-Funde nach Deutschland gelangten, was keineswegs selbstverständlich war. Erst kurz vor ihrem Tod 1926 erlangte sie die Genehmigung dafür. Nach dem Krieg kam Babylon unter britisches Mandat, von Rechts wegen hätte England nun die Funde für sich beanspruchen können. Hätte Koldewey das geahnt, hätte er sich diesen frauenverachtenden Satz vielleicht verkniffen: »Die Frau hat auf Ausgrabungen zu schweigen!«

Der echte Indiana Jones –
Hiram Bingham entdeckt Machu Picchu

Peru im Juli 1911: Hiram Bingham betritt mit den Helfern seiner kleinen Expedition heute zum ersten Mal die Schlucht des Urubamba, und zwar genau an jener Stelle, an der sich der Fluss zwischen gigantischen Granitfelsen hindurch in die Tiefe stürzt. Aus den schäumenden und tosenden Stromschnellen erheben sich die farbigen Granitwände des Gebirges und ragen rund 1000 Meter steil in die Höhe; dazwischen nur der reißende Fluss und undurchdringlicher Dschungel. Gibt es wohl einen Ort auf der Welt, der es mit dieser unglaublichen Kulisse und mit dieser magischen Kraft aufnehmen könnte?

Die ursprüngliche Bevölkerung der Inka lebte im 12. Jahrhundert als Lamahirten und Bauern in der Nähe des Titicacasees. Das Inkareich, wie es 1527 die spanischen Eroberer vorfanden, hat sich im Laufe von wenigen Jahrhunderten aus dem Nichts zu einer Größe von 950 000 Quadratkilometern entwickelt.

Doch nicht nur die Landschaft und die Natur nehmen Bingham gefangen. Allein schon der Gedanke, im dichten Geflecht der Lianen oder auf einer der hervorstehenden Felsspitzen das verfallene Mauerwerk einer untergegangenen Kultur zu finden, hält ihn in Atem und zieht ihn immer weiter in die Tiefe der gewundenen Schlucht. Dabei lässt er seinen Blick aufmerksam über das Gelände schweifen. Er sucht etwas, etwas Besonderes, das ihn, den Sohn hawaiianischer Missionare, der durch seine Heirat mit einer steinreichen Amerikanerin zu Geld gekommen ist, berühmt und seinen Namen unvergesslich machen könnte: Er sucht die letzte Stadt der sagenumwobenen Inka-Indianer, über die er in alten Büchern gelesen hat – Vilcabamba.

Von den Inka weiß man, seitdem die spanischen Eroberer in Südamerika eingefallen waren und europäische Chronisten darüber berichtet hatten. In den Jahren nach der »Entdeckung« Amerikas durch Kolumbus waren Spanier – vielversprechenden Berichten folgend – auch ins Hochland Perus eingedrungen und hatten dort bewohnte Orte vorgefunden, die sie in ungläubiges Staunen versetzt hatten. Straff organisierte Städte, mit perfekt angelegten Straßen, kostbaren Kunstwerken und unerschöpflichen Goldvorkommen! Gierig trachteten sie danach, an dieses Gold zu gelangen, und machten mit den Einwohnern kurzen Prozess. Wer nicht umgebracht wurde oder fliehen konnte, wurde versklavt; Städte und Heiligtümer wurden geplündert und ihrer Schätze beraubt. Im Laufe der folgenden Jahrhunderte waren die verlassenen Orte der Inka aus der Erinnerung der Menschen fast verschwunden. Der Dschungel hatte sie sich schon bald zurückgeholt ...

Alles, was die Zeit vor Kolumbus betrifft, interessiert rund 400 Jahre später so gut wie niemanden mehr. Kaum vorstellbar, dass jemand ein unbequemes Expeditionsleben in Kauf nähme, um irgendwo im Sumpf oder auf schwer zugänglichen Berggipfeln nach Spuren einer untergegangenen Kultur zu suchen. Er, Hiram Bingham, aber tut genau das. Die Archäologie ist zu Binghams Zeit noch eine junge Wissenschaft. Zwar wird mancherorts nach der Vergangenheit gegraben – zum Beispiel in Troja, im ägyptischen Tal der Könige, im griechischen Olympia oder auch auf der Suche nach den alten Kulturen Mesopotamiens –, um die kulturellen Zeugnisse der Inka indes hat sich bisher noch niemand gekümmert. Wenn hier überhaupt einmal jemand im Boden wühlt, dann zumeist deshalb, weil er den legendären Inka-Goldschatz zu finden hofft ... Ob vielleicht genau das seine Chance ist? Würde er die sagenumwobene Vergangenheit jener unglaublichen Inka-Indianer aufdecken, so würde ihm das gewiss Ruhm und Anerkennung bringen.

Mandor Pampa heißt der kleine Ort, in dem Hiram Bingham am Abend des 23. Juli sein Lager aufschlägt. Er glaubt, hier eine Spur entdeckt zu haben. Tags zuvor hat er Melchor Arteaga kennengelernt, einen beherzten Bauern, dem das nachbarliche Anwesen gehört und den er mit freundlich-wegwerfender Handbewegung über »Ruinen« hat sprechen hören, ganz so, als seien im Dickicht herumstehende alte Steine das Selbstverständlichste von der Welt. Bingham ist voller gespannter Erwartung.

Am Morgen des nächsten Tages fällt kalter Nieselregen. Melchor Arteaga macht ein langes Gesicht, als Bingham vor ihm steht. Er fröstelt und möchte viel lieber in seiner warmen Hütte bleiben, statt den Fremden und dessen Helfer zu den Ruinen zu führen. Ein Aufstieg bei solch einem Wetter sei viel zu gefährlich, erklärt er ihm. Und überhaupt: Diese nutzlosen Ruinen und der reißende Fluss! Dafür sollen sie alle ihr Leben riskieren? Erst als Bingham dem Bauern das Vierfache eines gesamten Tageslohns verspricht, ist der bereit zum Aufbruch.

Ein besonderes Merkmal der Inkagesellschaft war ihr System für statistische Aufzeichnungen. Um die Zahl der Geburten oder Kriegstoten festzuhalten, verwendete man eine Schrift aus farbigen Knotenschnüren. Die Inka konnten außerdem Fernstraßen, Brücken und Treppen errichten und überwanden mit ihren Bauten selbst schwierigstes Gelände.

Nach einem längeren Fußmarsch taucht Arteaga plötzlich in den Dschungel ein und macht erst halt, als er das Flussufer erreicht. Eine Brücke führt hier über den tosenden Fluss, über die er die Männer lotsen will. Bingham bekommt weiche Knie. Unter einer Brücke versteht er etwas anderes als eine Handvoll schlanker Baumstämme, längs aufgeschnitten und mit Ranken zusammengebunden. Arteaga zieht seine Schuhe aus und beginnt geschickt, auf die andere Seite zu balancieren. Er winkt den anderen aufmunternd zu. Der Fluss ist an dieser schmalen Stelle besonders reißend, und die spitzen Felsen, die aus den Stromschnellen hervorragen, würden jeden, der ins Wasser fiele, aufspießen. Ein Sturz von dieser Brücke wäre das Ende! Doch den Männern gelingt es, das andere Ufer zu erreichen: auf allen Vieren, Zentimeter für Zentimeter und mit angehaltenem Atem.

Auf allen Vieren geht es auch beim anschließenden Aufstieg weiter: Der glitschige Weg führt nun einen steilen Abhang bergauf. Nur mit größter Mühe kommen sie voran.

Am frühen Nachmittag erreichen die Männer eine kleine Hütte, deren freundliche Bewohner sich über den unerwarteten Besuch freuen und die Gäste mit köstlich kühlem Wasser begrüßen. Dazu bieten sie ihnen Süßkartoffeln zur Stärkung an. Bingham genießt die Verschnaufpause und blickt sich um. Unmittelbar vor ihm erhebt sich eine riesige Granitwand und links davon ragt der einsame Gipfel des Huayna Picchu empor. Von allen Seiten umgeben ihn unzugängliche Felsen. Wie ein Adlernest erscheint Bingham die Behausung der hier lebenden Indios, die ihm bestätigen, dass sich so gut wie nie jemand zu ihnen verirrt. Schließlich gebe es auch nur zwei Verbindungswege: die Brücke, die immer wieder vom reißenden Strom weggespült wird, und die neue Straße.

Ruinen hat Bingham schon jetzt zur Genüge gesehen: zahllose Terrassen, auf denen die Bauern ihre Pflanzen anbauen und die sie nach eigener Aussage bereits vorgefunden hatten, als sie hierherkamen. Sind das die einzigen Spuren, die die Inka hinterlassen haben? Bingham erwartet nicht, noch irgendetwas Interessantes zu finden. Und da Arteaga es sich bei den gastfreundlichen Indios gemütlich gemacht hat, verzichtet er auf dessen Begleitung, als er noch einmal loszieht. Die freundlichen Bauern geben ihm einen kleinen Jungen als Führer und sogar ein Maultier für das Gepäck mit.

Doch kaum haben die beiden nach einiger Zeit den Bergvorsprung umrundet, beginnt sich die Beschaffenheit des Mauerwerks sichtlich zu verändern: Aus mächtigen Steinen gebaute Terrassen tauchen vor Bingham auf, mehr als 200 Meter lang und drei Meter hoch. Hinter diesen beeindruckenden Steinlagen betritt er nun den unberührten Urwald und findet sich plötzlich inmitten eines unüberschaubaren Labyrinths von Häusern wieder. Er glaubt kaum, seinen Augen zu trauen. Zwar sind all diese Häuser mit Bäumen und Moos der letzten Jahrhunderte überwuchert, doch kann er an einigen Stellen noch ganz deutlich die einstige Schönheit und Qualität der Steinarbeiten ausmachen: weiße Granitquader, sorgfältig behauen und auf eine Art und Weise zusammengefügt, wie er sie noch nie gesehen hat. Sein junger Begleiter zeigt ihm weitere Gebäude, prachtvolle Räume, allesamt mit dem kunstvollsten Mauerwerk verbunden. Sie erscheinen Bingham großartiger als alle ihm bekannten Gebäude der »Alten Welt«. Und er sieht auch, was das Besondere dieser Architektur ausmacht: Da man die Mauern ganz ohne Mörtel gebaut hat, gibt es keine Spalten zwischen den Steinen, sie wirken deshalb wie zusammengewachsen. Hier muss ein Steinmetz am Werk gewesen sein, der keine präzisen Instrumente besaß, sondern sich

Unter den Inka gab es gut trainierte Eilkuriere, die Informationen durch das ganze Reich transportierten. Die Höhenunterschiede machten ihnen offenbar nichts aus: Die Mitglieder einer Staffel benötigten für eine Distanz von 1800 Kilometern quer durch gebirgiges Gelände gerade einmal fünf Tage und Nächte.

Machu Picchu
Auf einem Bergsporn mit lauter künstlichen Terrassen liegt oberhalb des Urubamba-Flusses in einer Höhe von 2450 Metern über dem Meeresspiegel die Ruinenstadt Machu Picchu. Zwar war sie nie die Hauptstadt des riesigen Inkareiches, doch diente sie wegen ihrer Lage und ihrer monumentalen Steinarchitektur seinen letzten Bewohnern als Bollwerk gegen die spanischen Eindringlinge. Die Stadt gibt Besuchern bis heute Rätsel auf: Wie gelang es, die tonnenschweren Blöcke ohne Mörtel absolut passgenau aufeinanderzuschichten? Und wie wurden die geschnittenen Steinquader vom Steinbruch in das schwer zugängliche Gebiet geschafft? Viele weitere Geheimnisse umgeben das rätselhafte Volk, das 1527 von Francisco Pizarro und nur 167 Spaniern in die Knie gezwungen wurde. Nur neun Jahre später war das Ende der einst so stolzen und kampfesfreudigen Inka besiegelt.

ganz und gar auf sein Augenmaß verlassen musste. Und wie er das tat! Diese Mauern sind frei von jeder architektonischen Strenge, diese Steine leben und scheinen zu atmen. Wie konnte es gelingen, an diesem vom Rest der Welt völlig abgeschnittenen Ort eine ganze Stadt zu errichten, tonnenschwere Steine zu transportieren und zu bearbeiten, ohne Maschinen zu verwenden?

Wo ist er hier bloß gelandet?

In den nächsten Tagen kommt er aus dem Staunen gar nicht mehr heraus. Auch der halbrunde Tempel, die große Treppe, über die der Junge ihn führt, sowie viele weitere atemberaubende Gebäude geben ihm die Gewissheit, dass er gerade einen ganz besonderen Ort entdeckt hat. Wie dieser Ort heißt? Sein Begleiter klärt ihn auf: Da man keine andere Bezeichnung für ihn kennt, trägt er denselben klangvollen Namen wie der Berg, an dessen Hang er sich schmiegt: Machu Picchu.

Der Großteil der Ruinen von Machu Picchu liegt unter dem Dickicht begraben; auf manchen Mauern wachsen hohe Bäume, und es lässt sich gar nicht ermessen, was noch alles zu finden sein mag. Nur so viel kann Bingham jetzt bereits erkennen: Vor ihm liegen die wunderbarsten Ruinen, die er je gesehen hat und die er sich selbst in seinen kühnsten Träumen nicht hätte vorstellen können!

— STECKBRIEF —

HIRAM BINGHAM

* 19.11.1875 (Honolulu, Hawaii)
+ 6.6.1956 (Washington, D.C.)

Historiker, Archäologe, Politiker
In Kürze: Entdecker von Machu Picchu und anderen Inkastätten

Bingham widmete sich ab seinem 30. Lebensjahr der Archäologie. Er unternahm sechs Expeditionen nach Südamerika und entdeckte dort u.a. die Ruinen der legendären Inkastadt Machu Picchu. 1924 wurde er Gouverneur von Connecticut. In hohem Alter kehrte er noch einmal nach Südamerika zurück. Seine Person diente als Vorlage für die Filmfigur des Indiana Jones.

Was bleibt?

Erstaunlicherweise zeigte Hiram Bingham in den folgenden Jahren kein großes Interesse an Machu Picchu, und das, obwohl er bis zum Ende seines Lebens fest davon überzeugt war, dass es sich bei diesem Ort um Vilcabamba handelte. Nach seiner Entdeckung dieser beeindruckenden Ruinenstätte kehrte er erst ein Jahr später für kurze Zeit hierher zurück, die Arbeit des Erforschens und Dokumentierens überließ er anderen.

Bei seinem vorerst letzten Besuch in Peru drei Jahre später im Jahr 1915 unterstellten ihm die einheimischen Behörden, er hätte das

sagenumwobene Gold der Inka gefunden und heimlich außer Landes geschafft. Davon konnte zwar keine Rede sein, trotzdem lief er Gefahr, verhaftet zu werden. Nach Peru kehrte er zunächst nicht zurück, denn er hatte sein Ziel erreicht: Als Entdecker Machu Picchus und des Inka-Goldes, als der er fortan galt, war er ein berühmter Mann. Er selbst gab zu, Machu Picchu vielleicht nicht im eigentlichen Sinne »entdeckt« zu haben, schließlich war der Ort keineswegs unbekannt gewesen, als er ihn zum ersten Mal betrat. Doch hatte er etwas getan, was keiner vor ihm getan hatte: Er hatte über Machu Picchu berichtet und darüber geschrieben, er hatte also den Schleier des Vergessens von dem Ort genommen.

Die Erinnerung an Hiram Bingham wird bis heute nicht allein dadurch wachgehalten, dass der uralte, nach Machu Picchu führende Inka-Pfad nach ihm benannt wurde, zu deren Einweihung sein Namensgeber 1948 ein allerletztes Mal peruanischen Boden betrat, auch der amerikanische Drehbuchautor und Produzent George Lucas setzte ihm mit der Figur des Indiana Jones *ein Denkmal. Machu Picchu gehört heute zum UNESCO-Weltkulturerbe.*

Sensation im Tal der Könige – Howard Carter entdeckt das Grab des Tutanchamun

Ägypten, Oktober 1922: Howard Carter, ein gut gekleideter Mann von 50 Jahren, schlendert über den Markt von Kairo. Endlich wieder in Ägypten, seiner zweiten Heimat! Vor Kurzem ist er mit dem Schiff aus England angekommen, doch ehe er sich von hier aus auf die beschwerliche Reise nilaufwärts ins Tal der Könige begibt, genießt er den Trubel in Ägyptens Hauptstadt. Während er voller Begierde die fremden und doch vertrauten Gerüche und Bilder in sich aufnimmt, fällt sein Blick auf einen goldenen Käfig, in dem ein zitronengelber Kanarienvogel sitzt und fröhlich vor sich hin trällert.

Carter liebt Tiere, und beim Anblick dieses kleinen Wesens geht ihm das Herz auf. Ja, das wäre der richtige Gefährte für sein Grabungshaus! Er einigt sich mit dem Händler auf den Preis, nimmt den Käfig und zieht von dannen.

Als er einige Tage später sein Grabungshaus im Tal der Könige erreicht, wird er von seinen einheimischen Mitarbeitern freudig begrüßt – nicht nur, weil sie sich seit dem Frühjahr nicht gesehen haben, sondern auch wegen des neuen Mitbewohners. Ein gutes Omen, da sind sich die Ägypter einig: In dieser Grabungssaison wird man endlich etwas Kostbares finden!

Wie sehr hofft Carter darauf ... Fünfzehn Jahre ist es inzwischen her, dass er Lord Carnarvon getroffen hat, mit dessen Bekanntschaft seine Hoffnung auf eine großartige Entdeckung erstmals konkrete Formen annahm.

Ein abenteuerlustiger Lebemann, dieser Lord: Bereits mit 23 Jahren hatte er die halbe Welt umsegelt und war Besitzer des dritten Autos gewesen, das in seiner Heimat England zugelassen worden war. 1901 hatte es einen schweren Unfall gegeben, als das Fahrzeug bei einer Reise durch Deutschland mit einem Ochsenkarren zusammengestoßen war. Schwer verletzt hatte Carnarvon überlebt, aber seitdem zahllose Operationen über sich ergehen lassen müssen und immer wieder unter quälenden

Kopfschmerzen und Atembeschwerden gelitten. Deshalb hatte der Lord begonnen, die Wintermonate in Ägypten zu verbringen. Dort hatte er die Archäologie für sich entdeckt und verspürte seither den Drang, dem Wüstenboden seine Geheimisse zu entlocken. Da ihm jedoch das notwendige archäologische Fachwissen fehlte, hatte er sich nach einem sachkundigen Berater umgehört. Professor Gaston Maspero, Leiter des Ägyptischen Museums in Kairo, hatte ihm Howard Carter empfohlen, und die beiden Männer waren sich auf Anhieb sympathisch gewesen.

In der Nekropole von Deir el-Bahari unweit des Tals der Könige und ebenfalls im Nildelta gelegen, hatten sie seitdem zahlreiche Grabstätten archäologisch erkundet. Beide Männer aber brannten darauf, ein Grab zu entdecken, das noch niemand vor ihnen betreten hatte. Eines, das von Grabräubern wie Schatzsuchern übersehen worden war und das die Jahrtausende unversehrt überstanden hatte. Ein abwegiger Wunsch?

Carter hatte den Lord dazu überredet, eine Genehmigung zu beantragen, um im berühmten Tal der Könige, der einstigen Nekropole Thebens, zu graben.

Trotz aller Warnungen, auf dem »Friedhof der Pharaonen« sei doch bereits alles entdeckt worden, hatte der Lord den Vorschlag Carters aufgegriffen und eine Grabungslizenz erwirkt. Aber wo genau sollten die beiden Männer nun mit ihrer Suche beginnen? Tatsächlich schien hier jeder Flecken durchkämmt. Dutzende Grabräuber, Schatzsuchende und Archäologen waren schon vor ihnen hier gewesen. Und natürlich hatte kaum jemand dokumentiert, wo und mit welchem Ergebnis gegraben worden war. Ein riesiger Schuttberg lag neben dem anderen, und dazwischen sah man die Eingänge zu den Gräbern als schwarze Löcher im Boden klaffen.

Ein Ausgräber im Tal der Könige hofft natürlich darauf, das Grab eines Pharaos zu finden. Carter und Lord Carnarvon hatten von Anfang an gezielt Ausschau nach dem Grab eines Pharaos namens Tutanchamun gehalten, auf dessen Existenz Theodore Davis, ein reicher Amerikaner, Amateur wie Lord Carnarvon, während seiner Grabungstätigkeit gestoßen war: Auf einem Fayencebecher und mehreren kleinen Gegenständen, die zur Einbalsamierung der Toten verwendet wurden, war der Name des unbekannten Pharaos eindeutig zu lesen. Und als Davis dann aus dem angeblichen »Grab« goldene Gegenstände, die mit dem Pharaonennamen versehen waren, geborgen hatte, war er sich sicher: Er hatte das Grab des Pharaos entdeckt! Carter

Der amerikanische Rechtsanwalt und Millionär Theodore Davis besaß von 1902 bis 1914 im Tal der Könige eine Lizenz für Grabungen. Anfangs unterstützt durch Carter, entdeckte er 30 Gräber. Als Davis das Gräbertal für »erschöpft« hielt, beendete er die Grabungen und gab seine Grabungslizenz zurück, die dann von Lord Carnarvon erworben wurde.

kennt Davis gut, aber dieser Gedanke entlockt ihm nur ein müdes Lächeln. Nein, die letzte Ruhestätte des Tutanchamun gilt es erst noch zu finden, und zwar von ihm und dem Lord.

Im selben Jahr, als die Männer die mit vielen Hoffnungen verbundene Grabungsgenehmigung für das Tal der Könige in Händen halten, beginnt der Erste Weltkrieg, der zunächst Europa, später auch den Orient in kriegerische Auseinandersetzungen stürzt. Die Männer müssen drei Jahre warten, bis sie ihr wagemutiges Projekt in Angriff nehmen können.

Wie aber sollen sie vorgehen? Wo beginnen? Das Tal ist groß und weit. Carters Idee ist es, zwischen drei bestimmten Gräbern, unter anderem neben dem Ramses' VI., in die Tiefe zu gehen. Genauso verfahren sie.

Immer wieder wird ihr Eifer von kostbaren Kleinfunden belohnt, doch keiner davon sieht nach einem Pharaonengrab aus und die Zeit verstreicht gnadenlos. Ist der Ort ihrer Suche falsch gewählt? Sie ziehen weiter an eine andere Stelle, versuchen dort zwei Winter lang ihr Glück und beginnen noch einmal von vorn.

Nach fünf Jahren, in denen der Lord vor allem in der Funktion des Geldgebers, er, Carter, als der erfahrene Ausgräber fungiert, der seit 31 Jahren regelmäßig ins Land am Nil reist, kommt der Lord ins Grübeln. Sein Geld ist dahingeschmolzen wie Butter unter der ägyptischen Sonne, sodass er inzwischen geneigt ist, den pessimistischen Stimmen zu folgen und die Suche nach dem

Tutanchamun, der Kindkönig

Tutanchamun war erst acht Jahre alt, als er im Jahr 1332 v. Chr. den Pharaonenthron bestieg. Er hieß zu dieser Zeit noch »Tutanchaton« und lebte in einer unruhigen Zeit: Echnaton, sein Vorgänger, hatte während seiner Regierung eine neue Religion eingeführt. Er hatte »Aton«, die Sonnenscheibe, zum alleinigen Gott erhoben und alle anderen Götter der ägyptischen Götterwelt verboten! Kaum war Tutanchaton an der Macht, durften die Menschen ganz offiziell wieder zu Amun, Isis, Osiris und all ihren anderen Göttern beten. Tutanchaton nannte sich, um dem Ende der »Aton-Religion« ein sichtbares Zeichen zu setzen, in Tutanchamun um. Zeit seines kurzen Lebens – Tutanchamun starb bereits mit etwa 18 Jahren – hatte der Pharao kaum Gelegenheit, ruhmreiche Taten zu vollbringen. So ging sein Name erst um die Welt, nachdem sein prachtvolles Grab überraschend im Tal der Könige aufgetaucht war.

Pharaonengrab einzustellen. Doch Carter ist immer noch überzeugt von ihrer Sache, und so erklärt sich der Lord bereit, für eine letzte Grabungssaison finanzielle Mittel bereitzustellen.

Im Sommer des Jahres 1922 verabschieden sich die beiden Männer in England mit dem Vorsatz, ein letztes Mal nach dem Grab Tutanchamuns zu suchen: noch einmal in der Nähe des Grabes von Ramses VI., dort, wo sie ihre Suche vor fünf Jahren begonnen hatten.

So liegen die Dinge, als Carter im Oktober 1922 mit seinem Kanarienvogel das Tal der Könige erreicht. Da sich der Lord noch in England aufhält, wird Carter die Arbeit erst einmal ohne ihn beginnen; etwas wirklich Spektakuläres erwartet er im Grunde selbst nicht mehr.

Am 3. November beginnen Carters Grabungsgehilfen auf sein Geheiß damit, die aus der XX. Dynastie, also etwa aus der Zeit um 1100 v. Chr. stammenden Arbeiterhütten abzureißen, die dem Archäologen für sein geplantes Vordringen in die Tiefe an dieser Stelle den Weg versperren. Die Männer kommen zügig voran, und bereits am nächsten Tag ist dieses Vorhaben erledigt. Als Carter am Morgen darauf nicht etwa vom Lärmen der Arbeitsgeräte, sondern von erwartungsvoller Stille auf der Grabungsstätte begrüßt wird, weiß er, dass etwas Überraschendes geschehen sein muss. Er tritt eilig näher und betrachtet wie elektrisiert, was die Männer ans Tageslicht gebracht haben: eine in den Fels gehauene Stufe. Voller Spannung lässt er die Arbeiter die Geröllmassen entfernen. Kaum ist das geschehen, erkennt er klar und deutlich eine in den Felsen gehauene Treppe vor sich. Er hat zumindest schon einmal ein Grab entdeckt. Wem es wohl gehörte? Und ob es überhaupt je benutzt wurde? Oder ist es die Ruhestätte eines unbedeutenden Beamten oder Priesters? Oder

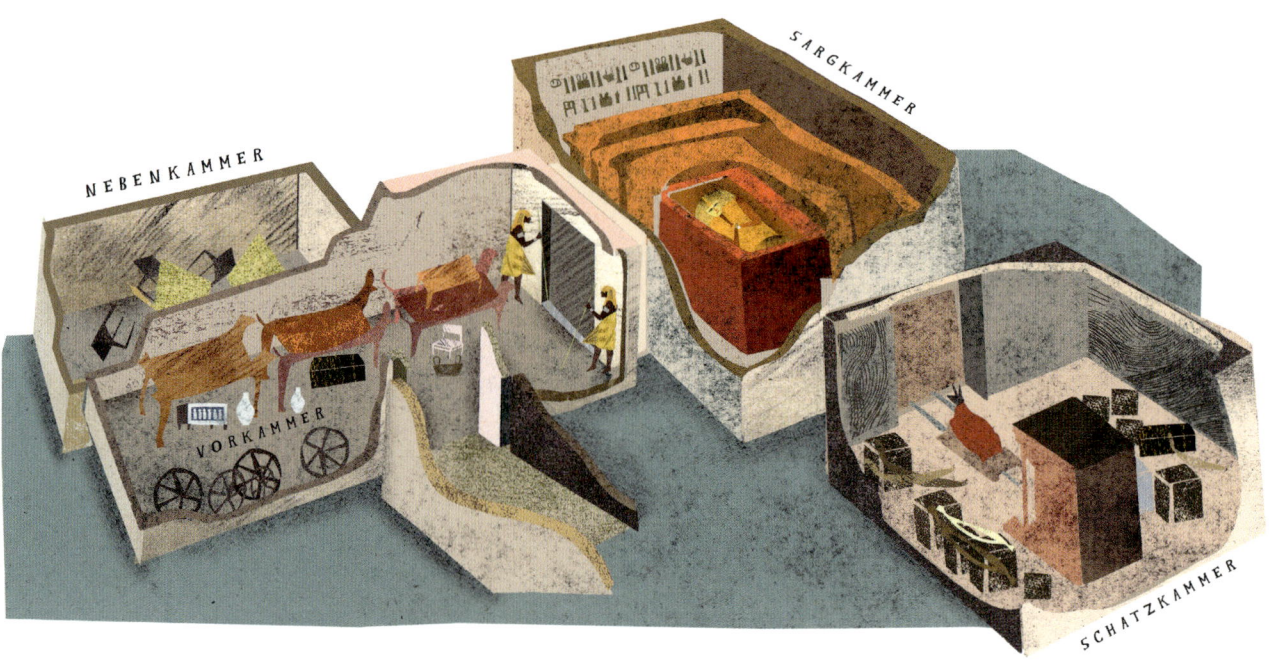

war es gar schon ausgeraubt worden? Carter macht sich vorsichtshalber schon einmal auf eine Enttäuschung gefasst.

Bei Sonnenuntergang haben die Männer die Treppe vollständig freigelegt. Langsam, Schritt für Schritt, steigt Carter die sechzehn Stufen hinab. Unten angekommen, stockt ihm der Atem. Am Ende der Treppe befindet sich eine Tür. Sie ist versiegelt und mit Mörtel bestrichen. Die Siegel sind die der Königstotenstadt, das bedeutet, dass hinter der Tür eine bedeutende Persönlichkeit ruhen muss! Und die Hütten der Arbeiter aus der XX. Dynastie, die sich genau auf der Ausgrabungsstätte befanden, sind der Beweis dafür, dass seit deren Errichtung niemand das Innere der Grabanlage betreten haben konnte. Carter durchfährt ein Schauer. Was für eine Entdeckung nach so vielen erfolglosen Jahren, endlich!

Am liebsten würde er die Tür augenblicklich öffnen lassen, doch Carnarvon würde ihm nie verzeihen, wenn er diesen Moment ohne ihn erlebte. So bohrt Carter nur ein Loch in die Tür, groß genug, um mit einer kleinen elektrischen Lampe hindurchzuleuchten, blickt hinein und entdeckt: nichts als Schutt und Geröll. Ein Grund zur Freude? Ja, wahrscheinlich, denn es könnte ein Zeichen dafür sein, dass man das Grab schützen wollte.

So steigt Carter zurück nach oben, lässt alles wieder verschütten, eilt, so schnell er kann, in die nächste Ortschaft und gibt voller Begeisterung ein Telegramm an Lord Carnarvon auf: »Endlich wunderbare Entdeckung im Tal gemacht; großartiges Grab mit intakten Siegeln; bis zu Ihrem Eintreffen wieder alles zugeschüttet. Glückwünsche!« Der Lord antwortet umgehend: »Komme so bald wie möglich.« Tatsächlich trifft er, zusammen mit seiner Tochter Evelyn, nach nur achtzehn Tagen in Theben ein.

Carter erwartet ihn schon voller Ungeduld. Gemeinsam eilen sie dorthin, wo das größte Abenteuer ihres Lebens auf sie wartet. Sie lassen die Treppe wieder freilegen und stehen bald darauf gemeinsam ehrfürchtig vor der versiegelten Tür. Jetzt erkennen sie, dass das Grab nicht ganz so unversehrt ist, wie Carter zunächst gedacht hatte. Offensichtlich haben sich hier Grabräuber zu schaffen gemacht! Doch ein Hoffnungsschimmer bleibt, denn die Tür wurde zwar aufgebrochen, danach aber wieder neu versiegelt. Ganz leer wird das Grab nicht sein, sonst ergäbe diese Sicherungsmaßnahme keinen Sinn. Und die Siegel nennen den Namen Tutanchamuns!

In den nächsten Tagen öffnen sie die Tür und entfernen die Schuttmengen aus dem dahinter liegenden, neun Meter langen Gang. Nachdem dieser endlich freigeräumt ist, stehen sie voller Erstaunen und wie gebannt vor einer zweiten Tür. Mit zitternden Händen schlägt Carter eine Öffnung in die linke obere Ecke und tritt vorsichtig zurück. Womöglich besteht die Gefahr, dass giftige Gase austreten! Behutsam hält er eine Kerze in das Loch. Nichts passiert. So blickt er voller Erwartung in das Innere der Kammer.

Sind Carter und Lord Carnarvon am Ziel ihrer Träume angekommen, im Grab Tutanchamuns? Aber sobald sie sich umschauen, können sie weder einen Sarkophag noch eine Mumie entdecken. Viele andere wunderbare Dinge, keine Frage – eine unbeschreibliche Anhäufung von Möbeln, Truhen, Prunkwagen, auch zwei lebensgroße Wächterfiguren mit goldenen Schuhen und goldenem Kopftuch, alles von den Grabräubern in einem wilden Durcheinander zurückgelassen – aber kein Sarkophag. Da entdecken sie im Licht der Taschenlampe eine weitere Tür, wiederum verschlossen, aber Anlass für die nächsten Spekulationen. Verbirgt sich dahinter die Grabkammer? Erwartet sie hier der tote Pharao?

Nur eines ist Carter ganz klar: Bevor sie weiter in die Tiefe der geheimnisvollen Stätte vordringen, sind sie den bereits entdeckten Schätzen und auch der Nachwelt etwas schuldig. Die kostbaren Gegenstände müssen konserviert, ihre Fundorte bestimmt und die Räume vermessen werden. Carter ist sich der großen Bedeutung dieses Augenblicks bewusst, und so gern er sich unverzüglich Gewissheit über das Geheimnis der nächsten Tür verschaffen würde, so hält er sich doch zurück. Fotografien dokumentieren alles für die Nachwelt, denn mit jedem Schritt ins Innere wird nichts mehr genau so sein wie vorher. Und natürlich müssen die Schätze selbst der Obhut eines Museums unterstellt werden: Sie müssen ins Ägyptische Museum nach Kairo.

Erst im Februar des nächsten Jahres ist die Vorkammer leer geräumt, erst jetzt besteht die Gelegenheit, die Tür zu öffnen. Carter geht ähnlich zu Werke wie schon zuvor, öffnet zunächst einen kleinen Bereich und schaut im Schein einer elektrischen Lampe durch die entstandene Öffnung in den Raum. Was er sieht, verschlägt

»Während sich die Augen an das Licht zu gewöhnen begannen, tauchten allmählich die Einzelheiten aus dem Dunkel auf: seltsame Tiere, Statuen und Gold – überall das Funkeln von Gold. Für einen Augenblick verstummte ich vor Staunen, und als Lord Carnarvon ängstlich fragte: ›Sehen Sie etwas?‹, konnte ich nur sagen: ›Ja, ich sehe wunderbare Dinge.‹«

ihm vollkommen die Sprache: Er blickt auf eine Wand aus reinem Gold. Er sieht den Totenschrein des Pharaos. Hier ist der Eingang zur Sargkammer!

Nach zwei Stunden kann die Tür passiert werden, und Carter betritt als Erster den Raum. Er betrachtet den vergoldeten Schrein voller Ehrfurcht, der so riesig ist, dass er fast die gesamte Kammer ausfüllt. Den Männern stockt der Atem, als sie erkennen, dass seine Flügeltüren nicht versiegelt sind. Was hat das zu bedeuten? Schweigend ziehen sie die Riegel auf und öffnen die Türen. Was sie dahinter erblicken, lässt sie erstarren: ein weiterer Schrein mit unversehrten Siegeln! Das würde bedeuten, dass hier tatsächlich seit 3000 Jahren ungestört ein Pharao ruht.

Howard Carter und Lord Carnarvon sind endlich am Ziel ihrer kühnsten Träume angekommen, der Pharao zum Greifen nah.

Die Neuigkeit des entdeckten Pharaonengrabes verbreitet sich wie ein Lauffeuer, und nur wenig später wimmelt es im Tal der Könige von Reportern und noch mehr Touristen als sonst. Nicht nur dieser Umstand führt zu Verzögerungen in der weiteren Erforschung, zu allem Überfluss wird die ägyptische Regierung hellhörig und man stellt die Frage: Wie sollen die Funde verteilt werden? Solange das nicht eindeutig geklärt ist, wird Carter keine Genehmigung zum Weitergraben erhalten! Dann stirbt Lord Carnarvon 1923 im Alter von 56 Jahren an einer Lungenentzündung. Wie es mit dem Pharao weitergehen wird, scheint zunächst einmal in den Sternen zu stehen.

Erst im Winter 1926/27 kommt es zwischen den Beteiligten zu einer Einigung, und Carter darf auch den letzten Schritt tun.

Er öffnet nun endlich den goldenen Schrein, entdeckt darin einen weiteren und noch einen!

»Welch unbeschreiblicher Augenblick für einen Archäologen: Wieder standen wir vor dem Unbekannten. Was barg nun dieser Schrein? In heftiger Erregung zog ich die Riegel der letzten unversiegelten Türen zurück; langsam schlugen sie auf. Vor uns stand, den ganzen Schrein ausfüllend, der ungeheure gelbe Quarzitsarg, unberührt, als hätten fromme

Hände ihn eben erst geschlossen ...« Es dauert fast drei Monate, alle Schätze zu bergen und an die Erdoberfläche zu bringen. Doch dann endlich ist der große Moment gekommen, endlich stehen Carter und seine Helfer in der leer geräumten Kammer und sind nun mit dem Sarkophag, in dem sie den Pharao vermuten, ganz allein. Als sich die Winde eines herbeigeschafften Flaschenzugs quietschend in Bewegung setzt, um den Sarkophag Zentimeter für Zentimeter zu öffnen, halten alle Anwesenden den Atem an. Zu sehen sind Leintücher, nichts als Leintücher. Doch als diese nacheinander entfernt werden, blickt ihnen aus edelsteinernen Augen und mit goldenen Gesichtszügen der schönste Pharao entgegen, den sie je gesehen haben.

Rund zehn Jahre benötigt Carter, um die zahllosen Gegenstände aus dem Innern des Grabes zu sichten, genauestens zu dokumentieren und sorgfältig verpackt nach Kairo transportieren zu lassen: die Schreine, den Sarkophag, die goldene Maske, die drei Särge, einer davon aus purem Gold, Schmuck, Herrscherinsignien, Möbel, Waffen, Öle, Salben, Gefäße, Musikinstrumente, eine Locke von Tutanchamuns Großmutter Teje und unzählige Dinge mehr.

Howard Carter bleibt bis 1932 mit dem Grab des bis dahin fast unbekannten Pharaos beschäftigt, dessen Name auf alle Zeiten mit ihm verbunden sein wird.

Bereits die ersten Berichte, Fotos und Filme über die Entdeckung des Grabes erzeugten in Europa eine unvorstellbare Begeisterung, eine regelrechte Ägyptomanie. Allein in den ersten drei Monaten des Jahres 1926, vier Jahre nach seiner Entdeckung, zählte man am Grab des Pharaos 12 300 Besucher aus aller Welt.

Was bleibt?

Bis heute ist das Grab des Tutanchamun mit dem wissenschaftlichen Namen KV 62 der großartigste Fund in der Geschichte der Archäologie, der alle anderen archäologischen Entdeckungen in den Schatten stellt.

Nach dieser sensationellen Entdeckung verloren die Forscher für Jahrzehnte das Interesse am Tal der Könige. Man war nun endgültig davon überzeugt, hier alle bedeutenden Funde gemacht zu haben. Doch bis heute ist das Tal der Könige für Überraschungen gut, immer wieder werden Grabanlagen freigelegt, so am 29. April 2014: Am Nordostende des Tals entdeckten Forscher ein von Grabräubern zerstörtes Grab mit fünfzig Mumien, die die Räuber zurückgelassen hatten.

– STECKBRIEF –
HOWARD CARTER
* 9.5.1874 (London, England)
+ 2.3.1939 (London)
Zeichner, Archäologe
In Kürze: Entdecker des Grabes von Tutanchamun

Carter war ein begnadeter Zeichner. Bereits mit 17 Jahren erhielt er eine Anstellung beim Egypt Exploration Fund. Zur entscheidenden Wende in seinem Leben wurde die Bekanntschaft mit Lord Carnarvon: Der vermögende Aristokrat ermöglichte es ihm, nach dem Grab des bis dahin fast unbekannten Pharaos Tutanchamun zu suchen. Nach Carnarvons Tod hielt Carter Vorträge in aller Welt über seine Entdeckung.

Mit dem Floß auf großer Fahrt –
Thor Heyerdahl und die Experimentelle Archäologie

New York, Sommer 1946: »Dann versuchen Sie doch selbst, mit einem Floß von Peru aus zu einer der Pazifikinseln zu segeln.« Thor Heyerdahl ist sprachlos über diesen Scherz. Ihm gegenüber sitzt Dr. Herbert Spinden, ein angesehener Anthropologe und Kurator des Brooklyn Museum. Der junge Ethnologe hat zehn Jahre damit zugebracht, Material für seine aufsehenerregende Theorie zu sammeln, und das Manuskript hat er dem Wissenschaftler zur Beurteilung geschickt. Er vermutet, dass Polynesien – wie auch die anderen Inseln im Stillen Ozean – von Südamerika aus besiedelt worden sein könnte, und nun möchte er Dr. Spindens Meinung dazu hören. Doch der Umschlag liegt unangetastet zwischen ihnen, der alte Herr will von derartigen Ideen nichts wissen! Für ihn steht fest: Die ersten Bewohner der Pazifischen Inseln kamen aus Südostasien, also aus der genau entgegengesetzten Richtung; kein ernst zu nehmender Wissenschaftler würde das bezweifeln. Dieser junge Mann aus Norwegen ist zwar sympathisch, aber ganz offensichtlich ein wenig verrückt!

Für Thor Heyerdahl scheint es ein verschenkter Vormittag zu sein. Doch kaum hat er die Tür des vornehmen Büros hinter sich geschlossen, stellt er fest, dass ihm der Gedanke nicht mehr aus dem Kopf geht: »Dann versuchen Sie doch selbst ...« Aber ja! Genau das wird er tun: Er wird mit einem Floß aus Balsaholz von Südamerika nach Polynesien segeln. Er wird seine seit Langem gehegte Theorie beweisen, wird belegen, dass die Ureinwohner Südamerikas mit einfachsten Mitteln bis zu den Pazifischen Inseln hätten gelangen können. Deshalb ist er hier: Er wird die Wissenschaft eines Besseren belehren!

Thor Heyerdahl hat sein Wissen aus eigener Anschauung. Zehn Jahre zuvor haben er und seine Frau Liv für 18 Monate auf Fatu Hiva, einer der kleinen pazifischen Marquesas-Inseln, gelebt. Hier hat er interessante Dinge beobachtet, zum Beispiel, dass der Wind stetig aus Osten, also aus Richtung Südamerika weht. Jeder Seefahrer mit westlichem Kurs hätte von hier aus mit dem Wind kommen können und nicht einmal sein Paddel benutzen müssen. Nicht nur das hat ihn von seiner Theorie überzeugt. Sie haben auch Statuen entdeckt, die solchen aus Südamerika zum Verwechseln ähnlich sehen. Und dann hat ein Einheimischer ihnen von der mythischen Vergangenheit seines Volkes erzählt, davon, wie Kon-Tiki, der erste Mensch, mit der Sonne aus dem Osten gekommen war. Waren all das nicht genügend Gründe dafür, seine Theorie wenigstens in Betracht zu ziehen?

»Wie lange würde eine Floßfahrt von Peru zu den Inseln des Stillen Ozeans dauern?«, fragt Thor bald darauf einen ins Vertrauen gezogenen norwegischen Kapitän und beschreibt ihm das Floß, das ihm für dieses Vorhaben vorschwebt. Der Kapitän glaubt seinen Ohren nicht zu trauen: Mit einem Floß aus Balsaholz 8000 Kilometer über den Pazifik schippern? Genauso gebaut wie die Flöße der peruanischen Ureinwohner? Um Gottes willen! Falls etwas schiefginge, das Floß in Seenot geriete! In der Unendlichkeit des Ozeans wären sie wie ein Sandkorn in der Wüste. Wer sollte ihnen hier zu Hilfe kommen? Die Besatzung würde verhungern, verdursten, ertrinken oder Haien zum Opfer fallen – aber niemals sicher ans Ziel gelangen! Doch der Kapitän kann auf ihn einreden, so viel er will: Thors Plan steht fest.

So holt der Kapitän achselzuckend eine Karte, auf der der Pazifische Ozean und die dort herrschenden Winde und Strömungen verzeichnet sind, und berechnet, wie lange ein Floß von der peruanischen Hafenstadt Callao, bis zur nächstgelegenen polynesischen Insel bräuchte. Nach einer Weile des Grübelns äußert er seine Vermutung: »97 Tage – aber nur, wenn nichts schiefgeht!« Und wie leicht kann etwas passieren: Sie könnten vom Kurs abkommen. Oder vom Wind abgetrieben werden. Sicherheitshalber sollte Thor Proviant für 120 Tage mitnehmen, rät der erfahrene Seemann. Der Norweger ist zufrieden. Nun weiß er, worauf er sich einstellen muss.

Im November desselben Jahres steht seine Entscheidung endgültig fest: Er wird

Experimentelle Archäologie
Jahrhundertelang betrieben Archäologen ihre Wissenschaft ganz bequem am heimischen Schreibtisch: Sie holten ihre Kenntnisse aus Büchern und aus alten Schriften. Dass jemand loszog, um das Gelesene Tausende von Kilometern entfernt zu überprüfen und als Ausgräber tätig zu werden, war zunächst gar nicht selbstverständlich. Die Experimentelle Archäologie geht noch einen Schritt weiter: Experimentalarchäologen belassen es nicht bei einer Vermutung. Sie ziehen los und werden selbst aktiv. Nach ihren »Experimenten« haben sie zwar nicht immer konkrete Beweise für eine Theorie in den Händen, doch immerhin handfeste Belege für deren grundsätzliche Möglichkeit.

Kon-Tiki war der Schöpfergott der Inka. Sie glaubten, dass er und seine Männer auf Flößen aus dem Osten ins Land gekommen waren und den Grundstein ihrer Zivilisation gelegt hatten. Der Legende nach waren sie später über das Meer nach Westen gesegelt.

die Reise wagen. Doch neben dem Floß benötigt er natürlich eine Besatzung: Männer mit Nerven wie Drahtseile, Männer, denen er vertrauen kann, denen es nichts ausmacht, sich höchster Todesgefahr auszusetzen, und die sich nicht wegen jeder Kleinigkeit in die Haare geraten.

Der Erste, den er fragt, ist Erik Hesselberg, ein alter Freund aus Kindertagen. Das zweite Besatzungsmitglied lernt er beim Frühstück im norwegischen Seefahrerheim von New York kennen, den cleveren Ingenieur Herman Watzinger, der genau wie die anderen zukünftigen Reisegefährten, die er noch anheuert – Knut Haugland, Torstein Raaby und Bengt Danielsson –, voller Abenteuerlust steckt. Sie alle sagen mit Freude zu, die sechsköpfige Mannschaft steht fest. Der einzige Seemann unter ihnen ist Erik Hesselberg, er wird natürlich Steuermann der *Kon-Tiki*. Aber auch alle anderen Männer haben bestimmte Aufgaben an Bord: Haugland und Raaby sind Funker, Danielsson ist der Koch und der Ingenieur Watzinger ist für die meteorologischen und hydrografischen Aufzeichnungen zuständig, er widmet sich also Wind und Wellen.

Als Nächstes nimmt Thor Kontakt zum amerikanischen Verteidigungsministerium auf. Dort ist man bereit, die Expedition mit solch wichtigen Dingen wie wasserdichten Schlafsäcken, Rettungswesten und »Haipulver«, einem Mittel zur Verhütung von Haiangriffen, auszustatten. Im Gegenzug soll die Mannschaft Berichte über Wetter und Strömungsverhältnisse für das Militär abliefern, denn schließlich wird das Floß unbekannte Regionen durchfahren.

Alles schön und gut, aber Thor braucht nicht nur Männer und Ausrüstung, sondern auch Geld.

In New York ist er Mitglied des *Explorers Club* geworden, eines exklusiven Privatclubs, der die wissenschaftliche Erforschung der Welt zum Ziel hat und all jenen unter die Arme greift, die zur Erkundung unbekannter Gefilde beitragen. Eines Abends zieht er seinen besten Anzug an und macht sich auf den Weg nach Manhattan. Peter Freuchen, der dänische Polarforscher, stampft fröhlich mit seinem Holzbein auf, als Thor ihm von seinem verwegenen Plan erzählt. Wie gerne würde er ihn begleiten! Da das aber nicht möglich ist, wird er ihm wenigstens helfen, so gut er kann, mit Kontakten zur Presse, zu einer norwegischen Nachrichtenagentur und nicht zuletzt zu Filmproduzenten. Das alles klingt ja wunderbar, hat allerdings einen Haken: Geld soll erst dann fließen, wenn das Floß tatsächlich auf dem Wasser ist.

Aber wie kommt Thor an Geld, wenn fast alle seinen Plan für ausgemachten Blödsinn halten? Seit die *National Geographic Society* gegen Heyerdahl wettert – von sechsfachem Selbstmord und rausgeschmissenem Geld ist die Rede –, wird die Sache immer problematischer. Doch plötzlich sind da mehrere Norweger, die sich für das gefährliche Unterfangen ihres Landsmanns begeistern lassen. Mehrere Tausend Dollar kommen zusammen, und Thors stolzer Vater spendiert das noch fehlende Geld, das nun nicht nur für Material, sondern auch für die Flugtickets der Männer nach Südamerika reicht.

Im Hafen von Callao, Peru, trifft die Mannschaft dann das erste Mal aufeinander.

Das Buch *Kon-Tiki: Ein Floß treibt über den Pazifik* wurde zum Bestseller und in über 60 Sprachen übersetzt. Während der Fahrt auf dem Floß drehte Heyerdahl einen Dokumentarfilm, der 1952 mit einem *Oscar* ausgezeichnet wurde. 2012 erschien der Kinofilm *Kon-Tiki* der norwegischen Regisseure Joachim Rønning und Espen Sandberg, der ebenfalls für den *Oscar* nominiert wurde.

Thor und Herman haben bereits mühsam alles nötige Baumaterial zusammengetragen. Gemeinsam schuften die sechs Männer in den nächsten zwei Monaten an ihrem Floß, der *Kon-Tiki*: Als Basis dienen ihnen neun Balsaholzstämme, je 14 Meter lang und 60 Zentimeter dick. Auf der so entstehenden 6 x 15 Meter großen Plattform bringen sie eine weitere Reihe von dünneren Querhölzern an, und darauf befestigen sie eine offene Bambushütte. Alle Stämme, die sie verwenden, werden von Hanfseilen zusammengehalten, kein einziger Nagel, keine Schraube findet Verwendung, weder bei der Plattform, der Hütte noch bei den Masten. Es soll so sein wie eines der typischen, 1500 Jahre alten vorkolumbischen Flöße. Mit diesem Fahrzeug wird seine Expedition glücken, davon ist der unerschrockene Abenteurer fest überzeugt.

Mit einer Kokosnuss wird das Floß getauft, und eine jubelnde Menschenmenge sieht dabei zu. Unter ihnen sind nicht nur Reporter, sondern auch die Botschafter vieler Länder und viele peruanische Würdenträger. Und dann geht es endlich los.

Auf hoher See stellen die Männer bald voller Sorge fest: Das Floß lässt sich nicht steuern. Hätten sie vielleicht doch zunächst eine Probefahrt machen sollen? Hilflos ist es Wind und Wellen ausgesetzt, und wenn sie es nicht auf Kurs halten, gelangen sie nie und nimmer an ihr nächstes Etappenziel, den Humboldtstrom. Auf dieser gewaltigen Meeresströmung wollen sie sich quer durch den Pazifik bis nach Polynesien treiben lassen.

Thor hat nicht mit den meterhohen Wellen gerechnet, die sich hier beim Einmünden in den pazifischen Strom gegeneinander auftürmen. Nach zwei Tagen verzweifelten Gegensteuerns sind die Männer am Ende ihrer Kräfte und machen aus purer Erschöpfung das einzig Richtige: Sie holen das Segel ein, legen sich in die kleine Hütte und überlassen das Floß seinem Schicksal. Und das Unglaubliche geschieht: Wie ein Korken treibt es auf den Wellen und senkt sich auf den Wogen gefügig auf und nieder. Aber entspricht diese Bahn tatsächlich dem Kurs, auf dem sie in den errechneten 97 Tagen nach Polynesien treiben werden? Ein Schiff, das man nicht navigieren kann, muss sein Ziel von alleine finden! Kann das die *Kon-Tiki*?

Noch bedrohlicher sind die Veränderungen, die Thor bald am Balsaholz bemerkt: Drückt er hinein, sieht er das Wasser daraus hervorquellen, und wirft er ein kleines Stück davon über Bord, sinkt es augenblicklich in die Tiefe. Sollten die Prognosen stimmen, dass sich Balsaholz nur zwei Wochen auf dem Wasser halten kann?

Um aufs offene Meer zu gelangen, hätten die Männer mehrere Wochen hart rudern müssen, deshalb ließ sich Heyerdahl auf einen Kompromiss ein: Ein Schlepper sollte sie 50 Meilen weit aufs Meer ziehen. Ein weiteres Zugeständnis an die moderne Zeit: ein Funkgerät.

Auch die Taue machen ihnen Sorgen. Nachts hören sie sie knirschen, knacken und schaben. Nach zwei Wochen würden sie das Floß in Stücke geschnitten haben, so hatte man ihnen prophezeit. Ohne Nägel und Schrauben hätte ein solches Boot keine Chance! Die Mannschaft lässt in den nächsten Tagen weder das Holz noch die Taue aus den Augen. Und sie können ihr Glück kaum fassen: Die Taue halten! Da das Holz so weich ist, entstehen durch die einschneidenden Seile tiefe Kerben, die die Seile wiederum schützen, und auch das Holz weicht nicht noch weiter auf, denn der Baumsaft wirkt wie ein Schutz.

In den nächsten Wochen geht das Leben auf dem Floß seinen gemächlichen Gang. Die Mannschaft bekommt Besuch von Delfinen, Thunfischen, Haien und Fliegenden Fischen, die auf dem Floß landen und gebraten richtig gut schmecken. Gelegentlich machen sie mit dem kleinen Gummiboot, das sie dabei haben, kurze Ausflüge. Als sie die *Kon-Tiki* zum ersten Mal aus der Entfernung auf hoher See betrachten, bekommen sie einen Lachanfall: Sie sieht aus wie ein schwimmender Heuschober!

Es wird Gitarre gespielt, erzählt, gelacht, gegessen, getrunken, und ab und zu erhalten sie Telegramme von ihren Lieben daheim. Doch die Idylle wird immer wieder unterbrochen. Ihr Maskottchen, Papagei Lolita, wird eines Tages von einer Welle ergriffen und ins Meer gerissen. Der Vogel kämpft sich zwar so schnell er kann aus dem Wasser, flattert und fliegt und schreit, aber die rasant dahinsegelnde *Kon-Tiki* erreicht er nicht mehr. Die ganze Mannschaft trauert um den lustigen Reisegefährten.

Dann, eines anderen Tages, ertönen laute Hilferufe: Herman ist ins Wasser gestürzt. Die Männer vergessen vor lauter Aufregung, das Naheliegendste zu tun, nämlich die Segel einzuholen, und so zieht die *Kon-Tiki* so schnell davon, dass selbst Herman als geübter Schwimmer das Floß nicht mehr erreichen kann. Da schnappt sich Knut die Rettungsweste, springt hinterher und rettet seinem Freund das Leben.

Viele Wochen sind vergangen, seit sie in Peru losgesegelt sind. Nicht bei allen ist

Das Floß konnte man nicht steuern: Falls die Männer die Inseln verfehlt hätten, hätte es keinen Weg zurück gegeben. Diese Fahrt musste entweder ein voller Erfolg werden oder hätte den Untergang für die ganze Besatzung bedeutet.

die Stimmung so gut wie am ersten Tag. Der eine wünscht sich nichts sehnlicher, als endlich wieder festen Boden unter den Füßen zu spüren; einem anderen wird beim Geruch von Haifischblut schlecht, mit dem der Boden des Floßes immer dann durchtränkt ist, wenn die Mannschaft aus Abscheu gegenüber den Bestien wieder einmal in einen Blutrausch geraten ist und die Männer Jagd auf die Meeresräuber machen. Allein für Thor könnte die Reise immer weiter gehen.

In dieses tägliche Einerlei bringen heftige Stürme immer wieder eine höchst unwillkommene Abwechslung. Dann klammern oder binden sich die Männer am Floß fest, um nicht davongespült zu werden. Zwar geht stets alles gut aus, aber es ist nicht zu übersehen, dass sich das Floß in solchen Momenten langsam in seine Bestandteile auflöst. Ob es bis zum Ende der Reise hält? Nach Eriks Berechnungen dürfte ihr Ziel nicht mehr weit entfernt sein, und am 28. Juli verkündet er: »In anderthalb Tagesreisen sollte Puka-Puka vor uns liegen!« Tatsächlich lassen sich bereits die ersten Vögel blicken, und voller Vorfreude klettert alle Viertelstunde einer der Männer auf den Mast, um Ausschau zu halten. Am 30. Juli ist es so weit: Um 6 Uhr 10 sichtet Herman die Insel als flachen Streifen im Meer! Erleichtert fallen sie sich jubelnd in die Arme ...

Doch nun kommt das nächste Problem auf sie zu: Wie sollen sie auf das Eiland gelangen? Alle Inseln des Archipels sind Atolle, das heißt, sie bestehen aus Korallenriffen, die messerscharf aus dem Wasser ragen.

So vergehen mehrere Tage, bis sie zum letzten Riff vor dem offenen Meer gelangen; das dürfen sie auf keinen Fall verfehlen. Sie werfen einen selbst gebauten Anker, bestehend aus Kanistern, Batterien und Abfall, und warten eine möglichst große Welle ab. Kaum rollt sie heran, kappen sie das Seil, in der Hoffnung, mit dem Schwung von der Welle über das Riff getragen zu werden. Die Welle kommt, es kracht gewaltig, der Mast bricht, Kisten schwimmen davon, und auch Thor spült es über Bord. Er, der Nichtschwimmer, hat Glück, bereits die nächste Woge hebt ihn zurück aufs Floß. Doch schon naht der nächste gewaltige Brecher, höher als alle vorherigen, und mit einem ohrenbetäubenden Krachen wird das Floß mitten auf das Riff geworfen. Dort bleibt es stecken.

So betreten die Männer nach 101 Tagen auf hoher See erstmals festen Boden. An Dr. Spinden, New York, übermittelt Thor kurz darauf folgenden Funkspruch:

»Habe die Durchführbarkeit einer prähistorischen Überfahrt von Peru nach Ozeanien erprobt. Festgestellt, dass südamerikanische Flöße aus Balsaholz vielleicht die seetüchtigsten aller primitiven Fahrzeuge waren. (...) Der riesige Ozean zwischen Südamerika und Polynesien war kein Hindernis für den primitiven Menschen.«

Was bleibt?

Mit dem erfolgreichen Ausgang seiner waghalsigen Expedition schien Thor Heyerdahls Theorie, dass die Besiedlung Polynesiens von Südamerika aus hätte erfolgt sein können, als sehr wahrscheinlich. Heute scheint sie allerdings widerlegt zu sein. Im Jahr 2008 brach ein Expeditionsteam auf Katamaranen von den Philippinen aus – also aus der genau anderen Himmelsrichtung als Heyerdahl – auf, um nach Polynesien zu gelangen. Mit Erfolg: Nach einem halben Jahr erreichte die Mannschaft ihr Ziel. Dass die Besiedlung tatsächlich von Asien aus stattgefunden haben könnte, galt nun auch als belegt. Zeit seines Lebens lieferte Heyerdahl noch zahllose weitere Denkanstöße, zum Beispiel durch seine Expeditionen zur Oster- und zu den Galapagosinseln, und wurde mit Ehrungen überhäuft. Zwar konnte er nicht alle seine Theorien beweisen, aber er verschaffte ihnen und sich mit seiner sympathischen Art und seinen spektakulären Aktionen viel Aufmerksamkeit. Bis heute gilt er als Wegbereiter der Experimentellen Archäologie und als ihr berühmtester Vertreter.

Wissenschaftler halten Heyerdahls Theorie für äußerst unwahrscheinlich und glauben, sie inzwischen auch mithilfe genetischer Forschungen widerlegt zu haben.

- STECKBRIEF -

THOR HEYERDAHL

* 6.10.1914 (Larvik, Norwegen)
+ 18.4.2002 (Andora, Italien)
Zoologe, Ethnologe, Geologe, Abenteurer
In Kürze: bekanntester Vertreter der Experimentellen Archäologie

Heyerdahls Hauptinteresse galt vorgeschichtlichen Völkern und deren Herkunft. Wagemutige Expeditionen sollten seine Thesen belegen. Durch seine Überquerung des Südpazifik auf einem selbst gebauten Balsaholzfloß wollte er z.B. zeigen, dass eine Besiedlung Polynesiens von Südamerika aus möglich gewesen wäre. In diesem Zusammenhang erforschte er auch die Osterinsel.

Eine Ziege findet einen Schatz –
die Entdeckung der Qumranrollen

Die Judäische Wüste am Ufer des Toten Meeres im Norden Qumrans, Frühjahr 1947: Diese kleine Ziege ist doch zu neugierig. Auf jeden Felsen muss sie klettern, und wenn Mohammed, der 15-jährige Beduinenjunge, sie zu sich ruft, werden ihre Sprünge an den steilen Felswänden entlang nur noch waghalsiger. Ziegen sind geschickte Kletterer und gehen gerne ihre eigenen Wege, doch Zainab – so hat der junge Ziegenhirte sie genannt – entfernt sich besonders weit von ihrer Herde. Nicht auszudenken, wenn sie eines Tages ganz verschwinden würde ... Schließlich hat sein Vater ihm die Verantwortung für die Herde übertragen, und er erwartet, dass sich bei Sonnenuntergang wieder genauso viele Tiere neben dem Zelt der Familie befinden wie am Morgen.

Aus Ziegenhaaren weben die Beduinen die dunklen, festen, licht- und wasserdichten Bahnen für ihre Zelte. Eine Ziege ist ein kostbares Gut, das weiß auch der junge Hirte. Nicht nur aus diesem Grund hat er seiner frechen Lieblingsziege den Namen Zainab – Schatz – gegeben. Im Geheimen träumt Mohammed von einem richtigen Schatz, der ihm und seinem Stamm zu Reichtum verhelfen kann. Er hat gehört, dass in dieser Gegend schon häufiger Gegenstände aus längst vergangenen Zeiten gefunden wurden. Warum dieses alte Zeug so interessant ist, versteht Mohammed zwar nicht, aber er weiß, dass manche Menschen dafür sehr viel Geld zahlen, das reicht ihm als Information.

Mohammed ruft sich zur Ordnung. Jetzt heißt es erst einmal, die Ziege zu finden! Der Junge nimmt einen Stein und wirft ihn mit aller Kraft dorthin, wo er Zainab kurz zuvor noch gesehen hat, und schon im nächsten Moment springt die Ausreißerin munter hinter einem Felsen hervor. Doch jetzt, da Zainab wohlbehalten zurück ist, erregt etwas anderes seine Aufmerksamkeit. Der Stein ist mitten in eine Öffnung im Fels geflogen und hat beim Aufprall einen merkwürdigen Klang erzeugt. Ist da etwas zu Bruch gegangen? Mohammeds Neugier ist geweckt: Er klettert – flink wie eine Ziege – den steilen, schroffen Hang hinauf. Unter seinen Händen und Füßen bröckelt der Fels, doch er erreicht sicher das klaffende Loch. Neugierig steckt er den Kopf hinein. Das ist nicht bloß eine Öffnung, das ist eine Höhle! Sie ist dunkel und tief und nicht so einfach zu betreten.

Am nächsten Tag kehrt Mohammed gemeinsam mit zwei seiner Cousins zurück. Sie binden ihn an ein Seil und lassen ihn zum Boden der Höhle hinab. Ein gutes Stück geht es schnurstracks in die dunkle Tiefe, und Mohammed muss sich die Augen reiben, die sich nur langsam an die Dunkelheit gewöhnen. Doch plötzlich sieht er etwas vor sich: Mehrere große Tongefäße stehen ordentlich an die Höhlenwand gelehnt, einige von ihnen fest verschlossen und unversehrt, andere zerbrochen, eines davon möglicherweise durch den Stein, den er am Tag zuvor geworfen hat. Mohammed zittert vor Spannung. Ist das der Schatz, von dem er träumt? Vorsichtig öffnet er einen der Tonkrüge – und ist augenblicklich bitter enttäuscht: Nein, nach

Gold oder Edelsteinen sieht das nicht aus – es sind hässliche, verklebte Stoffrollen. Wer soll ihm für solch einen Dreck Geld geben? Mohammed könnte heulen vor Wut. Dennoch packt er so viele Rollen ein, wie er tragen kann.

Die beiden anderen ziehen Mohammed zurück nach oben. Missmutig hält er ihnen den Fund entgegen, und gemeinsam betrachten sie, was sich unter der Stoffumhüllung verbirgt: Rollen dünnen, brüchigen Leders – nicht einmal für die Herstellung einfacher Sandalenriemen sind diese morschen Tierhäute zu gebrauchen!

Trotzdem tragen die drei Jungen ihren Fund nach Hause, vielleicht haben ihre Väter eine Idee, was sich mit den Rollen anfangen ließe.

Kaum sind die Jungen, schwer bepackt, zum Lager zurückgekehrt, versammeln sich ihre Familien und sehen den jungen Hirten gespannt dabei zu, wie sie die vollgestopften Taschen leeren. Etwas anderes als Rollen, teils aus Leder, teils aus Pergament, ist auch jetzt nicht darin zu finden. Auf jeder der sieben Rollen sind seltsame Schriftzeichen zu sehen, und zumindest eine von ihnen könnte aufgrund ihres guten Zustands und ihrer Länge etwas Besonderes sein. Von einem Zelt zum nächsten reicht sie, und die Zelte stehen fast acht Meter auseinander! Aber was soll man damit anfangen?

Mohammed und seine Familie bringen den Fund schließlich in den nächsten Ort, nach Bethlehem, wo ein Schuster namens Kando für seinen florierenden Antiquitätenhandel bekannt ist.

Kando sieht sich die Rollen lange an, begutachtet das Material, die Schrift, das Leinen, in das die Rollen eingewickelt sind. Und dann – die Beduinen können ihr Glück kaum fassen – kauft er ihnen drei Rollen für ein paar Dollar ab. Außerdem empfiehlt er ihnen, die anderen vier Rollen zu Athanasius, dem Bischof der syrisch-orthodoxen Gemeinde, nach Jerusalem zu bringen, damit er ihren genauen Wert feststellen möge. Mohammed und seine Familie befolgen den Rat des Schusters, begeben sich in die benachbarte Metropole, treffen das Kirchenoberhaupt in seinem Kloster und haben Glück: Der Bischof hält die Rollen für alt, für sehr alt. Wie alt genau? Und was auf ihnen geschrieben steht? Nun, das kann auch er nicht beantworten. Aber die Rollen möchte er unbedingt behalten und zahlt den Beduinen den unfassbaren Preis von fast 100 Dollar.

Zu dieser Zeit kann noch niemand die Sprache entziffern, in der die Rollen geschrieben sind. »Altes Syrisch«, so hat sich Kando vage geäußert und meint damit wohl Aramäisch, die Umgangssprache, wie sie vor 2000 Jahren in Israel gesprochen wurde, und auch der Bischof kann nur Vermutungen anstellen. Er versucht deshalb, sich mit Professor Eleazer Sukenik von der Hebräischen Universität in Jerusalem in Verbindung zu setzen, doch die politische Situation ist gerade alles andere als günstig für ein solches Vorhaben. Am 29. November 1947, einem der folgenschwersten Tage in der Geschichte des Landes, hat die UNO die Gründung des Staates Israel beschlossen. Die Engländer, die Palästina seit 1919 verwaltet haben, gliedern Jerusalem nun in arabische und jüdische Viertel, unmöglich, von dem einen Ende der Stadt ins andere zu gelangen.

Über Mittelsmänner gelingt es Kando, mit dem Professor Kontakt aufzunehmen. Er bietet ihm seine neu entdeckten Rollen an. Der gewiefte Antiquitätenhändler hatte es sich nicht nehmen lassen, sofort nach dem Besuch der Beduinenfamilie die Höhlen rund um Qumran selbst zu erforschen, und er war fündig geworden. Obwohl die Lage heikel ist, begibt sich Professor Sukenik unter Lebensgefahr in das von Arabern kontrollierte Bethlehem, um Kando die Rollen abzukaufen. Nun erfährt er auch von Bischof Athanasius und dessen Rollen. Aufgrund der brenzligen Situation im Land gelingt es Sukenik erst mehrere Wochen später, mit dem Bischof in Kontakt zu treten. Und der Kirchenmann erklärt sich tatsächlich bereit, dem Wissenschaftler seine vier Rollen für zwei Tage zur Verfügung zu stellen. Sukenik ist nun in der glücklichen Lage, alle zu dieser Zeit bekannten Textfragmente aus den Höhlen rund um Qumran untersuchen zu können, und er macht eine großartige Entdeckung: Unter den Texten befindet sich eine vollständige Jesaja-Handschrift, also eine Abschrift des Buches Jesaja aus dem Alten Testament – tausend Jahre älter als alle bisher bekannten Bibelhandschriften! Eine Sensation! Außerdem mehrere andere originale Handschriften der Heiligen Schrift, möglicherweise geschrieben von Mitgliedern der Essener, einer geheimnisvollen, radikalen Glaubensgemeinschaft, von der man nur so viel weiß, dass sie hier in der Wüste lebten und sich auf das Ende der Welt vorbereiteten. Lässt sich vielleicht die Entstehung des Christentums mithilfe dieser Texte verstehen? Allein deshalb sind die Schriftrollen von allerhöchstem Interesse. Haben womöglich Mitglieder der Essener die Texte geschrieben und hier versteckt, als die Römer das Land Judäa vor fast 2000 Jahren besetzten? Was für ein Zufall, dass diese Texte nun, zur Gründung Israels, wieder aus der Versenkung auftauchen.

Sukenik setzt alle Hebel in Bewegung, um dem Bischof die Rollen abkaufen zu können, sogar sein Haus würde er dafür verpfänden. Doch die politische Situation spitzt sich dramatisch zu: Die arabischen Nachbarländer erklären Israel unmittelbar nach der Staatsgründung im Mai 1948 den Krieg, der bis Juli 1949 andauert. Bischof Athanasius sieht sich gezwungen, mitsamt seinen Schriftrollen in Amerika Zuflucht zu suchen. Dort will er die Rollen verkaufen, um Geld für seine durch den Krieg in Not geratene Gemeinde zu bekommen, doch erwerben will die alten, unansehnlichen Rollen hier niemand.

Je mehr Nachrichten von dem möglicherweise sensationellen Fund um die Welt gehen, umso größer wird die Aufregung. Noch im Jahr 1949 machen sich die ersten Archäologen auf den Weg ins Tal des Toten Meeres nach Qumran, und zwei Jahre später beginnen dort die ersten systematischen und erfolgreichen Ausgrabungen mit zahlreichen Funden. Meist stellen die Archäologen bedauernd fest, dass Beduinen schon vor ihnen da gewesen sind.

Mittlerweile weiß sich Bischof Athanasius in den USA nicht anders zu helfen: Am 1. Juni 1954 inseriert er im *Wall Street Journal* und bietet die Rollen zum Kauf an. Und es meldet sich kein Geringerer als der Sohn des inzwischen verstorbenen Professor Sukenik. Doch so einfach ist es nicht: Rein rechtlich gehören die Rollen nun Jordanien, da das Gebiet, in dem sie gefunden wurden, inzwischen jordanisch ist. Eine vertrackte Situation! Über Verbindungsmänner gelingt schließlich der Verkauf, und die Rollen gelangen für 250 000 Dollar in den Besitz des Staates Israel. Die israelische Öffentlichkeit erfährt am 13. Februar 1955 davon, und noch am selben Tag beschließt man den Bau eines Museums.

Darüber, wer die Essener wirklich waren, sind sich die Wissenschaftler nicht einig, möglicherweise waren sie eine Gruppe von männlichen »Aussteigern«, die ohne Besitz und ohne Frauen in einer klösterlichen Gemeinschaft zusammenlebten.

Der »Urbibel« auf der Spur?

Wissenschaftler hatten immer gehofft, einmal eine antike Bibelhandschrift zu finden, so etwas wie eine »Ur-Bibel«. Die ältesten Abschriften stammten nämlich aus dem Mittelalter, denn alle antiken Originale und auch frühe Kopien waren im Lauf der Jahrhunderte verloren gegangen. Bis 1956 entdeckten vor allem Beduinen über 1200 antike Schriftrollen, viele davon waren aber nur in Fragmenten erhalten. Mit den Funden von Qumran ging also ein lang gehegter Wunsch von Bibelforschern in Erfüllung. Die nächsten Jahrzehnte nutzten Wissenschaftler für ihre Forschungen an den über 200 Abschriften der biblischen Bücher. Sie fanden heraus: Im Vergleich zu den Schriften der Bibel, wie wir sie heute kennen, ließen sich nur wenige kleine Unterschiede im Text feststellen. Das Alte Testament war über die Jahrtausende hinweg also sehr exakt und wortgetreu überliefert worden.

Was bleibt?

Bereits 1965 wurde der »Schrein des Buches« als ein Teil des Israel-Museums in Jerusalem eröffnet. Er beherbergt seitdem alle rund um Qumran gemachten Funde, beispielsweise 380 weitere Handschriften sowie Fragmente von 75 biblischen Büchern. Jedes Jahr kommen Millionen von Besuchern, um die ältesten erhaltenen Bibelschriften aus der Zeit von circa 250 v. Chr. bis 40 n. Chr. zu bestaunen. Hauptattraktion bis zum heutigen Tag ist die Jesajarolle, jene fast acht Meter lange Handschriftenrolle, die Mohammed Ahmed al-Hamed am Tag seiner unglaublichen Entdeckung zwischen den Zelten seines Beduinenstammes ausgerollt hatte.

Seit 2010 liegen endlich alle Texte in einem zusammenhängenden Werk, bestehend aus 40 Bänden, in gedruckter Form vor. Spätestens seit diesem Zeitpunkt ist klar: Alle Theorien um dubiose Verschwörungen dürften unbegründet sein. Doch etwas anderes macht die Bedeutung der Rollen aus: Erstmals sind hebräische Texte aufgetaucht, die 1000 Jahre älter sind als die ältesten Dokumente, die man bis dahin kannte. So geben die Schriften einen Einblick in die Zeit, als das Christentum entstand.

Für die Zukunft ist geplant, alle Textfragmente der ältesten biblischen Schriften der Welt im Internet zu publizieren, sodass sie auf der ganzen Welt betrachtet, gelesen und weiter erforscht werden können.

Soldaten aus Ton –
die Entdeckung der Terrakottaarmee

China im Jahr 1974 in der Nähe der alten Kaiserstadt Xi'an, 1100 Kilometer südwestlich von Peking. Wenn es nicht bald regnet, sehen die Männer schwarz für die Reisernte. Obwohl Frühjahr ist, fällt schon seit Wochen kein Tropfen Regen; eine Katastrophe, denn Reis braucht Wasser, und die Menschen in China brauchen Reis. Wenn diese Rechnung nicht aufgeht, folgen Hunger, Leid und Not.

Yang Zhifa ist einer der vielen Bauern, die seit Wochen jeden Morgen aufs Reisfeld gehen, um sorgenvoll ihre Reispflanzen zu begutachten. Er hat die letzte schlimme Hungersnot vor 15 Jahren noch in allzu guter Erinnerung: Aus lauter Verzweiflung hatten die Menschen damals die Rinde von den Bäumen gekratzt und gegessen, Millionen waren verhungert. Zwar versprechen die Politiker in schöner Regelmäßigkeit, dass so etwas nie wieder passieren wird, aber die Männer in Peking versprechen viel, das sie nicht halten. Bisher gibt es noch nicht einmal

Wasserleitungen im Dorf, nur Brunnen; die aber sind nutzlos geworden, seitdem das Grundwasser stetig sinkt. Yang und zwei andere Bauern wissen sich keinen anderen Rat: Sie werden die beschwerliche Arbeit auf sich nehmen und einen neuen, tieferen Brunnen graben. Unweit des Dorfes finden sie einen geeigneten Platz und machen sich mit ihren Hacken und Schaufeln ans Werk.

Obwohl der Boden hart ist, kommen die Bauern gut voran. Nach zwei Tagen unermüdlicher Arbeit verfärbt sich der Boden, und die Männer graben nun in roter, trockener Erde. Von Grundwasser allerdings,

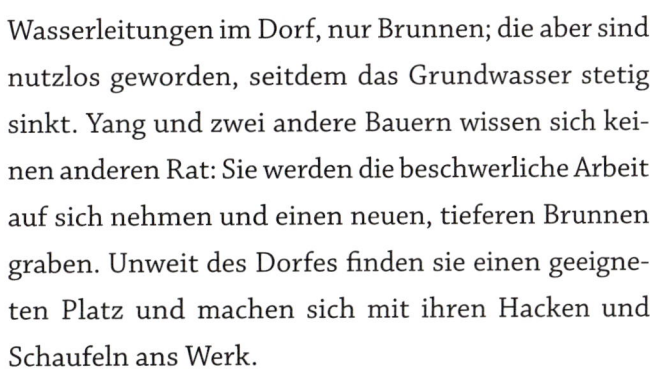

das das Erdloch zu einem Brunnen werden ließe, ist sowohl an diesem wie auch am folgenden Tag nichts zu sehen. Als am dritten Tag die Sonne ihren höchsten Stand erreicht, ist es Yang, der gerade auf der Sohle der inzwischen etwa vier Meter tiefen Grube steht und seine Hacke in den Boden rammt. Plötzlich erzeugt der Schlag seines Werkzeugs einen seltsamen Klang. Die Männer werden aufmerksam. Ist hier, tief in der Erde, etwas vergraben? Vielleicht ein Schatz? Aufgeregt klettern seine beiden Gefährten zu Yang hinab und blicken auf den seltsamen Fund vor seinen Füßen. Vor ihnen liegt ein Teil einer menschlichen Gestalt, allerdings nicht aus Fleisch, Haut und Knochen, sondern aus Ton. Sie erkennen einen Hals, in dem ein Loch klafft, fast wie in einem alten Gefäß. Von Neugier getrieben graben sie weiter, bis sie nach einer Weile eine lebensgroße Männerfigur freigelegt haben, der lediglich der Kopf und ein Bein fehlen. Eine menschliche Gestalt aus Ton – sind sie auf eine alte Tempelanlage gestoßen?

Was sollen sie jetzt tun? Das Loch wieder zuschütten? Woanders nach Wasser graben? Den Mann aus der Vergangenheit wieder zur Ruhe betten? Die Neugier siegt über ihre Ehrfurcht vor der möglicherweise religiösen Stätte, und so holen sie nach und nach weitere Gegenstände aus Ton und auch aus Bronze aus dem Erdreich herauf.

Doch was sollen sie mit ihrem Fund nun anfangen? Nach einigem Hin und Her entscheidet Yang, die Fundstücke zu melden. Einige herbeigerufene Frauen aus dem Dorf sind dabei behilflich, die Gegenstände auf drei vollbepackten Karren ins zehn Kilometer entfernte Museum von Lintong zu schaffen. Dort erkennen die Wissenschaftler auf den ersten Blick, dass es sich bei den Objekten um kostbare Gegenstände aus der Qin-Dynastie, aus der Zeit von Qin Shi Huangdi, dem ersten Kaiser von China (259–210 v. Chr.), handelt. Lag nicht sein Grab in unmittelbarer Nähe des Dorfes? Gehörte der Mann aus Ton vielleicht zu dieser Grabstätte? Den drei Männern wird nicht nur gedankt, sie erhalten auch Geld als Belohnung.

Qin Shi Huangdi war der erste Kaiser von China. Er lebte im dritten Jahrhundert v. Chr. und gründete die Qin-Dynastie. 2000 Jahre wusste niemand, wo seine riesige Begräbnisstätte liegt.

Kaiser Qin Shi Huangdi

Ying Zheng, der spätere Kaiser Qin Shi Huangdi (259–210 v. Chr.), war 13 Jahre alt, als er den Königsthron bestieg. Es war die »Zeit der streitenden Reiche«: Als der Junge geboren wurde, dauerte der Krieg, den die sechs chinesischen Königreiche gegeneinander führten, bereits über 200 Jahre. Dem jungen König gelang das Unfassbare: Er unterwarf alle anderen Reiche, beendete den Krieg, machte sich selbst zum Kaiser von Qin. Die Siege, die er erlangte, brachten ihm den Ruf ein, der größte Eroberer aller Zeiten zu sein. Nie zuvor hatte es eine größere und besser ausgestattete Armee als seine gegeben. Bereits im ersten Jahr seiner Regierung gab er ein gewaltiges Mausoleum in Auftrag, in dem er wie ein Gott als Zentrum des gesamten Universums verehrt werden wollte. Und auch ein zweiter Kolossalbau wurde während seiner Regierungszeit gebaut: die Chinesische Mauer.

Es dauert nicht lange, da wimmelt es rund um Yangs »Brunnen« von chinesischen Archäologen. Bohrungen und Probeausgrabungen werden durchgeführt, und bald steht fest: Yang Zhifa, dem Bauern aus Xi'an, ist mit seinem Terrakottasoldaten die größte archäologische Entdeckung gelungen, die je in China gemacht wurde. Sein tönerner Krieger war kein vereinzelter Wächter der kaiserlichen Todesarmee, sondern einer von vielen. Von sehr vielen! Die Ausgrabungen, die 1974 beginnen und bis heute andauern, führen zu spektakulären Ergebnissen: Allein in der ersten Grube von 12 600 Quadratmetern Grundfläche befinden sich 6000 Soldaten und Pferde, dicht gedrängt beieinanderstehend. Zwei Jahre später stoßen die Archäologen auf weitere, kleinere Gruben, und immer mehr Soldaten, Pferde, Reiter, Bogenschützen, Streitwagen und andere Grabbeigaben erblicken nach Jahrtausenden erneut das Tageslicht. Jede Figur ist lebensgroß, zwischen 1,80 Meter und 2 Meter hoch, von Hand aus Ton geformt. Und trotz der unfassbaren Anzahl ist doch keine wie die andere, jede Figur ist einzigartig und individuell gestaltet und war zudem einst über und über mit prächtigen Farben bemalt. 700 000 Handwerker haben mehr als 30 Jahre lang an der Geisterarmee gearbeitet, so schätzen die Archäologen. Sie entstand zur selben Zeit wie das chinesische Großreich und bewachte mehr als 2000 Jahre lang die Schätze der kaiserlichen Grabkammer.

Die gesamte Grabanlage nimmt eine Fläche von 56 Quadratkilometern ein. Das entspricht der Fläche von über 7800 Fußballfeldern!

Was bleibt?

Nur kurze Zeit nach der sagenhaften Entdeckung traf das ein, was die Bauern so heiß ersehnt hatten: Es regnete lange und ausgiebig. Die Reis- und Gemüse-ernte war damit zwar gerettet und eine erneute Hungersnot blieb aus, dennoch sollte es in dem kleinen Ort nie mehr so werden wie zuvor: Schon bald nach dem Fund der Terrakottaarmee be-schlossen die zuständigen Behörden, auf dem Gelände der Fundstelle ein Museum zu errichten. Yang und all die anderen Bewohner der Region muss-ten ihre Heimat verlassen, das Land wurde ihnen abgekauft und ihre Häuser wurden abgerissen.

- STECKBRIEF -

YANG ZHIFA

* 1933 (Xi'an, China)

Bauer

In Kürze: Entdecker der Terrakottaarmee

Yang Zhifa, Bauer im Dorf Xi'an, woll-te 1974 zusammen mit anderen Bauern bloß einen Brunnen graben: Dabei stieß er auf die Tonsoldaten, die den ersten Kaiser von China im Totenreich bewa-chen sollten. Er erhielt von der Re-gierung dafür eine Belohnung in Höhe seines Jahresverdienstes. Yang wurde für seine Entdeckung hoch geehrt und war bis zu seinem Ruhestand im Souve-nirshop des Museums angestellt.

Seit seiner Eröffnung im Jahr 1979 besuchen jährlich mehrere Millionen Besucher das Terrakottaarmee-Museum. Jeder will die berühmte Garde jenes Kaisers bewundern, nach dem das chinesische Großreich seinen Namen erhielt und mit der der Herrscher im Jahr 210 v. Chr. bestattet wurde. Nach wie vor gilt China archäologisch gesehen als das reichste Land der Erde. Zurzeit werden die bereits entdeckten Funde restau-riert und erforscht, erst danach wird man weitergraben oder gar die vielversprechen-de Grabkammer von Qin, dem ersten Kaiser von China, öffnen. Seit 1987 gehört die Terrakottaarmee zum UNESCO-Weltkulturerbe.

Versunkene Schätze – Franck Goddio und die Unterwasserarchäologie

Alexandria, Ägypten, 1995: Der Unterwasserarchäologe Franck Goddio erforscht zusammen mit seinem Team im vierten Jahr den Hafen von Alexandria und steigt zu diesem Zweck wieder einmal in das trübe Wasser im Hafenbecken der Großstadt. Die moderne ägyptische Hafenstadt befindet sich ziemlich genau dort, wo schon mehr als 2000 Jahre zuvor die antike Ortschaft gleichen Namens lag. Viel hat man von dieser alten Stadt am Meer bisher nicht gesehen, schließlich hat die moderne Millionenstadt kaum ein Fleckchen frei oder unbebaut gelassen. Nur hier und da gibt es kleine Ausgrabungsstätten, an denen Archäologen einen Blick in die Vergangenheit werfen können. Das, was man über die alte Stadt weiß, stammt vor allem aus schriftlichen Quellen antiker Autoren, die voller Begeisterung und in schillerndsten Farben über Alexandria berichten.

Vor einigen Jahren hat Goddio erstmals eine Theorie gehört, die ihn fasziniert: Einige Wissenschaftler stellten Vermutungen darüber an, wo die verschwundenen Teile der Stadt geblieben sein könnten. Der legendäre Hafen beispielsweise. Natürlich kennt man seine ungefähre Lage, aber die Paläste, die hier einmal gestanden haben müssen, wo sind sie? All das scheint vom Meer verschlungen zu sein. Und ihnen war ebenfalls aufgefallen, dass auch andere Ortschaften in Küstennähe nicht mehr existierten. Hatte hier vor einer Ewigkeit ein Tsunami getobt? War es denkbar, dass ganze Regionen von einer riesigen Flutwelle erfasst worden waren? Vielleicht spielte auch die jährliche durch den Monsunregen verursachte Überschwemmung des Nils eine Rolle oder die Schneeschmelze im äthiopischen Hochland. Lag ein Teil der antiken Stadt womöglich auf dem Grund des Meeres vor Ägyptens Mittelmeerküste? Goddios großer Traum ist es, die Geschichte dieser sagenumwobenen Stadt zu entdecken und zu ergründen, was sich hier wirklich einmal abgespielt hat.

Deshalb ist er hier, und darum ist er gerade wieder einmal – wie seit vier Jahren in jedem Frühjahr – damit beschäftigt, seine beiden großen Leidenschaften miteinander zu verbinden: das Tauchen mit dem Entdecken legendärer Orte!

Das Wasser ist trüb: Keiner der Männer möchte darüber nachdenken, was genau ihnen hier in 15 Meter Tiefe die Sicht nimmt. Nicht weit entfernt wird das Abwasser der Drei-Millionen-Metropole ins Meer geleitet. Davon, dass die Sonne an der Oberfläche scheint, merkt man hier unten absolut nichts, die Sicht reicht kaum weiter als 20 Zentimeter. Je stärker die Sonne das Wasser an der Oberfläche erwärmt, umso mehr mikroskopisch kleine Algen entstehen und lassen die Sicht noch schlechter werden. Die Taucher müssen sich auf ihre Hände statt auf ihre Augen verlassen.

Mit dabei haben Goddio und sein Team, das aus Experten verschiedener Fachrichtungen besteht, nicht nur Echolote, sondern auch ganz besondere Messinstrumente. Aber auch andere Arten modernster Ausrüstung: GPS für die Kartografierung beispielsweise und ein eigens für Goddios Zwecke vom französischen Kommissariat für Atomenergie entwickeltes Nuklearresonanz-Magnetometer. Mit einem ähnlichen Gerät operieren auch die U-Boote der französischen Marine. Es hilft ihnen dabei,

eine elektronische Fotografie des Meeresbodens zu erstellen, die später so aussehen wird, als wäre sie bei starker seitlicher Beleuchtung aufgenommen worden. Jede kleine Erhebung wird man darauf erkennen und mit etwas Glück auch deuten können.

Wo genau sind sie hier? Warum will der Franzose gerade Alexandria erkunden?

Alexandria ist ein faszinierender Ort, er ist es heute und war es bereits vor mehr als 2000 Jahren: Seit der Gründung im Jahre 331 v. Chr. hatte sich Alexandria innerhalb kürzester Zeit zu einer der größten und bedeutendsten Städte der Welt entwickelt. Aus dem ganzen Reich strömten damals die Menschen in die Stadt am Mittelmeer. Egal welcher Herkunft, Hautfarbe oder Religion – hier lebten sie friedlich zusammen, wenn auch nach Stadtteilen getrennt, gemäß dem Wunsch ihres Gründers und Namensgebers Alexander, der zu Recht auch »der Große« genannt wurde. Jeder Bewohner der antiken Welt kam ins Schwärmen, wenn er den Namen der Stadt hörte, denn Alexandria umgab eine ganz besondere Aura. Keine andere Stadt kam der ägyptischen Metropole gleich, und so war auch die Millionenstadt Alexandria – nicht etwa Rom oder Athen – zu dieser Zeit das kulturelle Zentrum des gesamten Mittelmeerraums. Aus allen Richtungen und aus verschiedenen Ländern wehten die bunten Einflüsse herüber, die die Stadt so lebendig und unvergleichlich machten: Die Bibliothek Alexandrias beispielsweise war mit ihren zahllosen Schriftrollen die größte Bildungsstätte ihrer Zeit, alle Sprachen und das gesamte Wissen der bekannten Welt waren hier vereint. Um die Bibliothek stets mit den wichtigsten neuen Schriften zu versorgen, wurden alle Kapitäne, die mit ihren Schiffen in den Hafen einliefen, dazu verpflichtet, sämtliche mitgeführten Schriftrollen in der Bibliothek abzugeben, damit diese dort abgeschrieben werden konnten.

Das Museion, in dem sich die berühmtesten Künstler und größten Gelehrten aus aller Herren Länder trafen, zeigte, dass Kunst und Wissenschaft in Alexandria geschätzt und verehrt wurden. Aus der ganzen Welt zog es die Besten und Klügsten in die Metropole, die sich hier in guter Gesellschaft wussten.

Dann hatte die sagenumwobene Kleopatra als letzte Königin Ägyptens hier gelebt und regiert und hatte selbst die römischen Machthaber mit ihrer Klugheit und ihrer Schönheit um den Finger gewickelt. Und die Stadt hatte noch mehr Außerordentliches zu bieten, denn hier gab es ein echtes »Wunder« zu bestaunen: einen leuchtenden Turm. Dieser Leuchtturm stand direkt an der Einfahrt zum prachtvollen Hafen der Stadt und wies den vom offenen Meer kommenden Seeleuten den Weg. Der erste Leuchtturm stammte aus dem 3. Jahrhundert v. Chr. und war das höchste Gebäude der damaligen Welt.

Das antike Alexandria ist für den Unterwasserarchäologen Goddio längst nicht mehr nur eine untergegangene Stadt – es ist ein Tatort! Und was an diesem Tatort geschehen ist, das möchte er unbedingt ans Tageslicht bringen.

Sobald er sich im Wasser befindet und nach längst vergessenen Gegenständen taucht, scheint auf unerklärliche Weise für einen Moment die Zeit stillzustehen.

Franck Goddio liebt das Meer, seit er ein kleiner Junge ist. Diese Leidenschaft hat er von seinem Großvater geerbt, von Eric de Bisschop, dem berühmten Seefahrer und Südseeforscher, der bei einem Schiffbruch ertrank, als Franck zehn Jahre alt war. So sehr

Kleopatra lebte einst fast 40 Jahre lang in Alexandria und regierte von hier aus 20 Jahre lang als Königin ihr Reich. Im Jahr 30 v. Chr. schließlich wurde Ägypten vom Römischen Reich erobert – die ruhmreiche Zeit der griechischen Ptolemäer war damit zu Ende.

ihn das Meer und das Abenteuer reizen – dieses tragische Ende seines Großvaters führt dazu, dass Franck bei seiner Berufswahl einen soliden Weg einschlägt: Er entscheidet sich nach dem Ende seiner Schulzeit zu einem Studium der Statistik und der Mathematik und beginnt, als Wirtschaftsberater zu arbeiten.

Viele Jahre später – Goddio ist inzwischen ein erfolgreicher und weltweit gefragter Finanzexperte – kommt er zu einer Erkenntnis, die sein ganzes Leben verändert: Glücklich kann man nur dann werden, wenn man seine Träume erfüllt. War es tatsächlich sein Traum,

Der berühmte Leuchtturm befand sich auf der Insel Pharos vor Alexandria, und alle weiteren Leuchttürme, die noch in der Antike gebaut wurden, erhielten nach ihm den Namen *pharos*. Der Leuchtturm wurde später zum Weltwunder erklärt.

Finanzexperte zu werden? Nein, ganz sicher nicht. Sein Traum war das Meer, das Abenteuer und die Archäologie! Das Bild seines abenteuerlustigen Großvaters kommt ihm wieder in den Sinn, und er beschließt, sein Leben noch einmal von Grund auf umzukrempeln: Finanzberatungen sollen ab jetzt andere machen, er will Unterwasserarchäologe werden!

Und siehe da, auch als Unterwasserarchäologe wird er vom Erfolg verwöhnt. Bei seiner ersten archäologischen Tauchtour, noch völlig ungeübt und an der Seite eines Kollegen, erkundet er ein Schiff Napoleons, das vor Abukir versenkt worden war. An dem Ruder entdeckt er eine Inschrift – *Dauphin Royal* ist dort in schwungvollen Buchstaben eingraviert. Goddio freut sich über seine erste archäologische Entdeckung unter Wasser, die er als Zeichen nimmt, auf dem richtigen Weg zu sein. Und tatsächlich findet er in den nächsten Jahren zahlreiche im Meer verborgene Schätze und untergegangene Schiffe, die sogar meist noch ihre kostbare Ladung an Bord haben.

Und auch seine Arbeit im Hafen von Alexandria wird zu einem Erfolg: Bei ihrer Tätigkeit auf dem Meeresgrund in nur 6,5 Meter Tiefe haben sie in den letzten vier Jahren bereits alle möglichen Zeugnisse der Vergangenheit gefunden, und auf dem Meeresboden konnten sie lesen wie in einem aufgeschlagenen Buch. Sie entdeckten imposante Säulenhallen, Mauerreste und Fundamente, Reste großartiger Paläste,

Die Unterwasserarchäologie ist im Vergleich zur Archäologie an Land eine noch sehr junge Wissenschaft. Wurden früher zufällige Schiffsfunde einfach geplündert, so begannen Wissenschaftler in den 1950er-Jahren, sich für die historischen Wracks zu interessieren.

Teile des Hafens, Statuen, Amphoren, Scherben, Wracks, Münzen und vieles andere mehr.

Das erste Ziel ihrer Kampagne unter Wasser war die Zeichnung einer genauen Karte des Hafens gewesen. Jede kleine Erhebung auf dem Grund des schlammigen Bodens hatten sie dafür verzeichnet und dann genau erkennen können, wo einmal Mauern gestanden haben mussten. Die Karte ist jetzt – vier Jahre später – zu großen Teilen fertig, die Frage des Archäologen an die Vergangenheit hat sich seitdem etwas verändert: Was genau ist hier geschehen?

Die Männer lassen sich auch in diesem Jahr weder durch das trübe Wasser noch durch die meterdicken Algenschichten schrecken, die den Boden bedecken und die sie erst mühsam entfernen müssen, bevor sie Wichtiges von Unwichtigem unterscheiden können. Doch der Aufwand lohnt sich auch dieses Mal: Goddio und seine Leute spüren weitere Relikte aus der antiken Vergangenheit der Stadt auf. Einen ganz entscheidenden Hinweis unter der Wasseroberfläche liefern zahllose, sämtlich nach Westen gestürzte Säulen. Ein Gebäude mag also hier einmal gestanden haben, schön und gut. Aber die Lage der Säulen ist seltsam. Sie liegen sauber aufgereiht da wie Zigarren in einer Kiste, ein seltsamer Anblick. Kann das ein Zufall sein? Oder ist es vielmehr ein Hinweis auf ein Unglück, auf ein Erdbeben, das die Gebäude einstürzen ließ wie Kartenhäuser?

Goddio kommt auf die Idee, sich einmal mit seinen Kollegen auszutauschen, die an Land forschen, und entdeckt eine aussagekräftige Parallele. Auch auf einer der wenigen Grabungen im Stadtgebiet hat der zuständige Archäologe eine interessante Entdeckung gemacht: Mitten auf dem Gelände eines antiken Theaters stößt er auf einen riesigen Friedhof, etwa 1300 Jahre alt. Erstaunlich, dass man gerade diesen Ort dafür wählte. Der Wissenschaftler kann sich diesen Umstand nur so erklären: Ein plötzliches Unglück im frühen Mittelalter verursachte den Tod von zahllosen Menschen, für die man umgehend eine Begräbnisstätte benötigte. Und an den Mauern der aufrecht stehenden Gebäude entdeckt er die Spuren eines riesigen

Feuers! Erst zusammen mit Goddios Erkenntnissen ergibt diese Erkenntnis ein stimmiges Bild.

Auf dem Grund des Hafens findet Goddio noch mehr, einen tiefen Riss, der quer durch das gesamte Hafenbecken läuft. Seine Kollegen und er sind sich einig: So sieht ein Riss im Boden aus, den die Erschütterung eines Erdbebens dort hinterlassen hat.

Befragt man die Schriften der antiken Autoren, dann liest man hier tatsächlich von schrecklichen Katastrophen, von Erdbeben und Tsunamis. Von Schiffen, die durch eine Flutwelle weit bis ins Land geschleudert wurden, die auf Häuserdächern landeten, von Panik, Angst und Schrecken. Da steht es schwarz auf weiß, doch wirklich glauben mag man diese Katastrophen erst, wenn jemand die Belege dafür liefert. Genau das tut Goddio. Erstmals rekonstruiert ein Archäologe die Geschichte der Millionenstadt Alexandria von einer bis dahin nie betrachteten Seite.

Was bleibt?

Franck Goddio hat mit seinen spektakulären Unterwasserforschungen nicht nur sich selbst einen lang gehegten Traum erfüllt, auch uns lässt er an diesem Traum teilhaben, wenn er uns mit Fernsehberichten und Ausstellungen Einblick in eine untergegangene Welt gewährt.

Gemeinsam mit dem Team des von ihm gegründeten Institut Européen d'Archéologie Sous-Marine (IEASM) *taucht und forscht der berühmteste Pionier der Unterwasserarchäologie bis heute in den Gewässern dieser Welt, um vergessene legendäre Orte zurück ans Tageslicht zu bringen und zu erforschen. Im Jahr 1996 entdeckte er vor Alexandria einen Gebäuderest, in dem er den Palast der Kleopatra vermutet.*

Er konnte nachweisen, dass die Stadt im Lauf der Jahrhunderte mehrmals zerstört wurde und dass dafür Erdbeben, ein Tsunami und wahrscheinlich auch eine Nilflut verantwortlich waren. Er liefert damit auch einen archäologischen Beweis dafür, dass Alexandria – anders als bisher vermutet – als erdbebengefährdetes Gebiet eingestuft werden muss.

Quellennachweis, Literaturhinweise und Museumstipps

Quellennachweis

Werke der Entdecker

In den hier aufgeführten Quellen kommen die Entdecker in ihren Grabungs- und Reiseberichten selbst zu Wort, zum Teil in ihrer Muttersprache. Sofern diese Quellen ins Deutsche übersetzt wurden, in einer modernen Auflage zu haben sind oder online gelesen werden können, ist dies vermerkt. Weiterführende Literatur ist im Anschluss aufgeführt.

Belzoni, Giovanni Battista: *Narrative of the Operations and Recent Discoveries within the Pyramids, Temples, and Excavation, in Egypt and Nubia* (Onlineversion der Originalausgabe von 1820 auf www.archive.org), auf Deutsch erschienen unter dem Titel: *Entdeckungsreisen in Ägypten 1815–1819. In den Pyramiden, Tempeln und Gräbern am Nil.* DuMont, Köln 1982

Bingham, Hiram: *Inca Land. Explorations in the Highlands of Peru* (Onlineversion der Originalausgabe von 1922 auf www.archive.org), auf Deutsch erschienen unter dem Titel *Machu Picchu. Die legendäre Entdeckungsreise im Land der Inka.* National Geographic Taschenbuch, München 2007

Burckhardt, Johann Ludwig: *Reisen in Syrien, Palästina und der Gegend des Berges Sinai (Teil 1–2),* (Onlineversion der Originalausgabe von 1823/24 auf www.literature.at)

Ders.: *Bemerkungen über die Beduinen und Wahaby.* Fines Mundi GmbH, Saarbrücken 2013 (mehrmals neu aufgelegt, Original 1830 posthum auf Englisch veröffentlicht)

Ders.: *Durchs Heilige Land nach Petra und zur Halbinsel des Berges Sinai.* Hrsg. v. Uwe Pfullmann.Trafo Wissenschaftsverlag, Berlin 2010 (mehrmals neu aufgelegt)

Carter, Howard: *Tut-ench-Amun, ein ägyptisches Königsgrab, entdeckt von Earl of Carnarvon und Howard Carter.* Drei Bände, F. A. Brockhaus, Leipzig 1924–1934 (Original, mehrmals neu aufgelegt)

Ders.: *Das Grab des Tut-ench-Amun.* Drei Bände, F. A. Brockhaus, Leipzig 1980 (4. Aufl., Original 1923–1933)

Chandler, Richard: *Travels in Asia Minor, and Greece.* Zwei Bände (Onlineversion der Ausgabe von 1817 auf www.archive.org)

Evans, Arthur: *The Palace of Minos: a comparative account of the successive stages of the early Cretan civilization as illustrated by the discoveries at Knossos* (1921–1935) (Onlineversion der digitalen Bibliothek der Uni Heidelberg: http://digi.ub.uni-heidelberg.de/diglit/evans-1921ga)

Ders: *Der Palast des Minos,* in: Deuel, Leo: *Das Abenteuer Archäologie – Berühmte Ausgrabungsberichte aus dem Nahen Osten* (1963), S. 294ff. (auszugsweise in deutscher Übersetzung)

Fiorelli, Giuseppe: *Descrizione di Pompeii.* Facsimile Publisher, London 2012 (Original 1875)

Flinders Petrie, William Matthew: *Seventy Years in Archaeology.* 2003 (Original 1930)

Goddio, Franck: Ägyptens versunkene Schätze, Ausstellungskatalog Berlin. Prestel Verlag, München 2006

Ders.: *Versunkene Schätze – Archäologische Entdeckungen unter Wasser.* Konrad Theiss Verlag, Stuttgart 2005

Goddio, Franck/Meyer Bianchi, Marianne: *Auf Schatzsuche in den Sieben Weltmeeren.* Prestel Verlag, München 2006

Heyerdahl, Thor: *Kon-Tiki. Ein Floß treibt über den Pazifik.* List, Berlin 2013 (Original 1949)

Ders.: *Wege übers Meer – Völkerwanderungen in der Frühzeit* (Original 1978, mehrmals neu aufgelegt)

Ders.: *Aku-Aku – Das Geheimnis der Osterinsel* (mehrmals neu aufgelegt, Original 1958 auf www.archive.org)

Ders.: *Die Kunst der Osterinsel – Geheimnisse und Rätsel.* C. Bertelsmann, München, Gütersloh 1975

Koldewey, Robert: *Das wieder erstehende Babylon* (Onlineversion der 2. Aufl. von 1913 auf www.archive.org)

Mouhot, Henri: *Travels in Siam, Cambodia, Laos, and Annam, Singapore 1889* (neu aufgelegt, Original 1868)

Roggeveen, Jacob: *Twee jahrige reyze rondom de wereld met drie scheper (1721) door last v.d. Nederl. Westind. Maatschappen.* Dortrecht 1728 (deutsche Übersetzung in Auszügen in Friedrich Schulze-Maizier: *Die Osterinsel.* Insel Verlag, Leipzig 1926)

Schliemann, Heinrich: *Ithaka, der Peloponnes und Troja* (mehrmals neu aufgelegt, Original 1869)

Ders.: *Bericht über die Ausgrabungen in Troja in den Jahren 1871–1873* (mehrmals neu aufgelegt)

Ders.: *Bericht über die Ausgrabungen in Troja im Jahre 1890* (mehrmals neu aufgelegt)

Ders.: *Abenteuer meines Lebens. Heinrich Schliemann erzählt* (mehrmals neu aufgelegt)

Schliemann, Sophie: *Heinrich Schliemann's Selbstbiographie. Bis zu seinem Tode vervollständigt* (Original Leipzig 1892, mehrere Auflagen)

Stephens, John Lloyd: *Reiseerlebnisse in Centralamerika, Chiapas und Yucatan: Mit Karten, Plänen und zahlreichen, teils farbigen Illustrationen von Frederick Catherwood.* Verlag der Pioniere, Berlin 2014 (Original 1841)

Ders.: *Die Entdeckung der alten Mayastätten: Ein Urwald gibt seine Geheimnisse preis.* Edition Erdmann, Lenningen 1993 (neu aufgelegt)

Winckelmann, Johann Joachim: *Schriften und Nachlass,* Band 2, Teil 1: *Sendschreiben von den Herculanischen Entdeckungen.* Verlag Philipp von Zabern, Mainz 1997 (Original 1738)

Sekundärliteratur

Kapitel 1:

Andreae, Bernard: *Plinius und der Laokoon.* Verlag Philipp von Zabern, Mainz 1987

Daltrop, Georg: *Die Laokoongruppe im Vatikan. Ein Kapitel aus der römischen Museumsgeschichte und der Antiken-Erkundung.* Universitätsverlag, Konstanz 1982

Sichtermann, Hellmut: *Laokoon.* Dorn 1957

Kapitel 2:

Esen-Baur, Heide-Margaret u.a.: *1500 Jahre Kultur der Osterinsel – Schätze aus dem Land des Hotu-Matua.* Ausstellungskatalog. Verlag Philipp von Zabern, Darmstadt 1989

Geiseler, Wilhelm: *Die Oster-Insel – Eine Stätte prähistorischer Kultur in der Südsee.* E. S. Mittler und Sohn, Berlin 1883

Métraux, Alfred: *Die Osterinsel.* Campus Verlag, Frankfurt am Main 1989

Mieth, Andreas/Bork, Hans-Rudolf: *Osterinsel: Auf Tour.* Spektrum Akademischer Verlag, Heidelberg 2012

Kapitel 3:

Sinn, Ulrich: *Das antike Olympia – Götter, Spiel und Kunst* (mehrmals neu aufgelegt)

Kapitel 4:

Lindner, Manfred: *Petra und das Königreich der Nabatäer* (mehrmals neu aufgelegt)

Wollmann, Therese: *Scheich Ibrahim: Die Reisen des Johann Ludwig Burckhardt 1784–1817.* Historisches Museum, Basel 1984

Kapitel 5:

Norman, Bruce: *Footsteps – Nine Archaeological Journeys of Romance and Discovery.* BBC Books, London 1988

Seufert, Karl Rolf: *Abenteuer Afrika – Forscher, Reisende, Abenteurer.* Herder, Wien 1982

Kapitel 6:

Adkins, Lesley/Adkins, Roy: *Der Code der Pharaonen. Der dramatische Wettlauf um die Entzifferung der ägyptischen Hieroglyphen.* TOSA Verlag, Wien 2006

Robinson, Andrew: *Wie der Hieroglyphen-Code geknackt wurde: Das revolutionäre Leben des Jean-François Champollion.* Verlag Philipp von Zabern, Darmstadt 2014

Kapitel 7:

von Hagen, Victor W.: *Auf der Suche nach den Maya. Die Geschichte von Stephens und Catherwood.* Rowohlt, Reinbek 1981

Kapitel 8:

Dimt, Heidelinde: *Der Spurensucher. Zum 200. Geburtstag von Johann Georg Ramsauer.* Ausstellungskatalog. Linz 1996 (2. Aufl.)

Hodson, Frank Roy: *Hallstatt: The Ramsauer Graves.* Dr. Rudolf Habelt Verlag, Bonn 1990

Kapitel 9:

Mattéoli, Francisca: *Karten: Mythen & Geschichten.* Prestel, München 2016

Reinecke, Andreas, Tjoa-Bonatz, Mai Lin (Hrsg.): *Im Schatten von Angkor.* Verlag Philipp von Zabern, Darmstadt 2015

Kapitel 10:

Dwyer, Eugene J.: *Pompeii's living statues.* University of Michigan Press, Ann Arbor 2010

Winckelmann, Johann Joachim: *Briefe aus Rom.* Hrsg. v. Martin Disselkamp. Dieterich'sche Verlagsbuchhandlung, Mainz 1997

Kapitel 11:

Witte, Reinhard: *Heinrich Schliemann – Auf der Suche nach Troja.* Frederking & Thaler, München 2013

Kapitel 12:

Altamira: Höhlenmalerei der Steinzeit. Begleitbuch zur Ausstellung. Deutsches Museum, München 1995

Bosinski, Gerhard/Wüst, Kathrin u.a. (Hrsg.): *Altamira.* Jan Thorbecke Verlag, Stuttgart 1998

Kapitel 13:

Drower, Margaret: *Flinders Petrie – A Life in Archaeology.* University of Wisconsin Press, Madison 1995

Dies.: *Letters from the desert – The Correspondance of Flinders and Hilda Petrie.* Aris & Phillips, Oxford 2004

Winzen, Matthias u.a. (Hrsg.): Die *Pyramide von innen. Die Entdeckung des Alten Ägypten im 19. Jahrhundert.* Ausstellungskatalog Baden-Baden. Snoeck Verlagsgesellschaft, Köln 2010

Kapitel 14:

Brown, Ann Cynthia: *Arthur Evans and the Palace of Minos.* Ashmolean Museum Publications, Oxford 1983 (Neuauflage)

Kapitel 15:

Wartke, Ralf-B. (Hrsg.): *Auf dem Weg nach Babylon. Robert Koldewey, ein Archäologenleben.* Verlag Philipp von Zabern, Mainz 2008

Kapitel 16:

Bingham, Alfred M.: *Portrait of an Explorer: Hiram Bingham, Discoverer of Machu Picchu.* Iowa State University Press, Ames, Iowa 1989

de Castro, Inés (Hrsg.): *Inka: Könige der Anden.* Ausstellungskatalog. Verlag Philipp von Zabern, Darmstadt 2013

Riese, Berthold: *Machu Picchu. Die geheimnisvolle Stadt der Inka.* C.H. Beck, München 2012 (2. Aufl.)

Kapitel 17:

Carnarvon, Fiona: *Carnarvon & Carter. The Story of the two Englishmen who discovered the Tomb of Tutankhamun.* Highclere Enterprises LLP, Berkshire 2007

Hawass, Zahi: *Auf den Spuren Tutanchamuns.* Konrad Theiss Verlag, Stuttgart 2015

Kapitel 18:

Kvam, Ragnar: *Heyerdahl. Auf dem Floß zum Forscherruhm.* mareverlag, Hamburg 2012

Kapitel 19:

Eisenman, Robert/Wise, Michael: *Jesus und die Urchristen. Die Qumranrollen entschlüsselt.* Seehamer, München 1997

Xeravits, Géza G./Porzig, Peter: *Einführung in die Qumranliteratur.* Verlag Walter de Gruyter, Berlin 2015

Kapitel 20:

Blänsdorf, Catharina u.a.: *Die Terrakottaarmee des ersten chinesischen Kaisers Qin Shihuang.* Bayerisches Landesamt für Denkmalpflege, München 2001

Khayutina, Maria / Neues Bernisches Museum (Hrsg.): *Qin – Der unsterbliche Kaiser und seine Terrakottakrieger.* Neue Zürcher Zeitung NZZ Libro, Zürich 2013

Ledderose, Lothar/Schlombs, Adele: *Jenseits der großen Mauer. Der erste Kaiser von China und seine Terrakotta-Armee.* Ausstellungskatalog Dortmund. Bertelsmann Lexikon Verlag, Gütersloh 1990

Allgemeine Werke zur Geschichte der Archäologie

Deuel, Leo: *Das Abenteuer Archäologie. Berühmte Ausgrabungsberichte aus dem Nahen Osten.* C. H. Beck, München 1963

Fagan, Brian (Hrsg.): *Auf den Spuren versunkener Kulturen. Die großen Archäologen.* Parthas Verlag, Berlin 2014

Fink, Humbert: *Auf den Spuren großer Archäologen.* List, Berlin 1982

Pollard, Justin: *Die Geschichte der Archäologie in 50 bedeutenden Entdeckungen.* National Geographic, Hamburg 2009

Rottloff, Andrea: *Die berühmten Archäologen.* Verlag Philipp von Zabern, Mainz 2009

Schnapp, Alain: *Die Entdeckung der Vergangenheit. Ursprünge und Abenteuer der Archäologie.* Klett Cotta, Stuttgart 2009

Weiterführende Buchtipps

Ceram, C. W. / Marek, Hannelore: *Götter, Gräber und Gelehrte. Roman der Archäologie.* Rowohlt Taschenbuch Verlag, Hamburg 2009 (3. Aufl.). Versunkene Städte, sagenumwobene Schätze, rätselhafte Schriftzeichen: C. W. Ceram erzählt die Geschichte der Archäologie spannend und hochinformativ. Dieses Buch ist das weltweit erfolgreichste Sachbuch eines deutschsprachigen Autors und ein echter Klassiker.

Compoint, Stefanie: *Abenteuer Archäologie. Auf den Spuren verborgener Schätze.* Knesebeck Verlag, München 2011. Dieses Buch gibt zukünftigen Wissenschaftlern einen umfassenden Einblick in die spannende Arbeit der Archäologen. Auf der Suche nach den verborgenen Schätzen dieser Welt werden sie zu Tauchern, Ausgräbern und Puzzlespielern. Eine aufregende Reise zu einzigartigen Orten, die vom Reichtum und der Vielfalt früherer Kulturen zeugen.

Der Brockhaus Archäologie: *Hochkulturen, Grabungsstätten, Funde.* Wissenmedia, Gütersloh 2008. Nur antiquarisch erhältlich. Das Lexikon bietet in 3800 Stichwörtern profundes Wissen zu Hochkulturen, Grabungsstätten, Funden, Werken und Sachbegriffen und nennt bedeutende Künstler und Archäologen. Mit 570 Fotos und Zeichnungen sowie 80 Lageplänen archäologischer Stätten.

Korn, Wolfgang: *Das alte Ägypten. Geheimnisvolles Land am Nil.* Aus der Reihe *Lesen – Staunen – Wissen,* Gerstenberg Verlag, Hildesheim 2010. Dieses Buch macht die ganze Faszination Ägyptens lebendig. Mit vielen Illustrationen, Fotos, Karten, einem ausführlichen Glossar und Statements von Ägyptologen und Ausgräbern

Ders.: *50 Klassiker Archäologie. Die wichtigsten Fundorte und Ausgrabungsstätten.* Aus der Reihe *50 Klassiker,* Gerstenberg Verlag, Hildesheim 2003. Ein Überblick über die 50 wichtigsten archäologischen Stätten. Mit spannenden Kurzessays, Faktenseiten, 300 farbigen Abbildungen und vielen Links zu Kunst, Film und Alltagskultur

Ders.: *Detektive der Vergangenheit. Expeditionen in die Welt der Archäologie.* Bloomsbury, Berlin 2007. Nur antiquarisch erhältlich. Das Buch macht uns mit den Fragestellungen und Methoden der modernen Archäologie vertraut und erklärt auf fesselnde Art und Weise, wie die Schätze der Geschichte eigentlich unter die Erde kamen.

Nielsen, Maja: *Tutchanamun. Das vergessene Königsgrab.* Aus der Reihe *Abenteuer! Maja Nielsen erzählt,* Gerstenberg Verlag, Hildesheim 2014 (2. Aufl.). 1922 entdeckte Howard

Carter den Eingang zum Grab des Pharaos Tutanchamun. Eine spannende Schilderung von Carters Suche im Tal der Könige, ergänzt durch den Archäologen Dr. Edgar Pusch, der von der Arbeit moderner Ausgräber in Ägypten berichtet.

Museumstipps

Museen in Deutschland

Ägyptisches Museum Bonn
Regina-Pacis-Weg 7
53113 Bonn
www.aegyptisches-museum.uni-bonn.de
Das Museum präsentiert seine Sammlung von 3000 Objekten aus dem Alten Ägypten.

Deutsches Museum
Museumsinsel 1
80538 München
www.deutsches-museum.de
Seit 1962 zeigt das Deutsche Museum in einer Nachbildung die berühmten Deckenmalereien der spanischen Altamira-Höhle.

Linden-Museum, Staatliches Museum für Völkerkunde
Hegelplatz 1
70174 Stuttgart
www.lindenmuseum.de
Das Linden-Museum ist eines der großen ethnologischen Museen Europas. Es zeigt u. a. eine Ausstellung über die Kultur der Inka – europaweit die erste Schau dieser Art – sowie Dauerausstellungen zu den Kulturen der Maya sowie aus Südostasien.

Roemer- und Pelizaeus-Museum Hildesheim
Am Steine 1–2
31134 Hildesheim
www.rpmuseum.de
500 Jahre Geschichte und Kultur des Pharaonenreiches

Rautenstrauch-Joest-Museum
Cäcilienstraße 29–33
50676 Köln
www.museenkoeln.de/rautenstrauch-joest-museum
Das Rautenstrauch-Joest-Museum ist eines der bedeutendsten Völkerkundemuseen in Deutschland. Zu den Ausstellungsobjekten zählen u. a. Holznachbildungen der Moai von der Osterinsel.

Staatliche Antikensammlungen
Königsplatz 1
80333 München
www.antike-am-koenigsplatz.mwn.de
Griechen, Römer und Etrusker anschaulich erleben

Staatliche Museen Berlin/Museumsinsel
Bodestraße 1–3
10178 Berlin
www.smb.museum/home.html
Eine der bedeutendsten Sammlungen ägyptischer Hochkultur; Bestandteil der Ausstellung im **Neuen Museum** ist außerdem die weltberühmte Troja-Sammlung von Schliemann. Im **Pergamonmuseum** zählt das Ischtar-Tor zu den wichtigsten Ausstellungsgegenständen.

Staatliches Museum Ägyptischer Kunst München
Arcisstraße 16
80333 München
www.aegyptisches-museum-muenchen.de
Eine der wichtigsten Sammlungen Deutschlands

Museen in Österreich und in der Schweiz

Kunsthistorisches Museum
Maria-Theresien-Platz
A-1010 Wien
www.khm.at
Die Ägyptisch-Orientalische Sammlung zählt zu den bedeutendsten Sammlungen ägyptischen Altertums der Welt.

Museum Hallstatt
Seestraße 56
A-4830 Hallstatt
www.museum-hallstatt.at
Alles über 7000 Jahre Hallstatt und die spektakulären Funde vom Hallstätter Gräberfeld

Antikenmuseum Basel und Sammlung Ludwig
St. Alban-Graben 5
CH-4051 Basel
www.antikenmuseumbasel.ch
Herausragende ägyptische Sammlung

Museum Rietberg
Gablerstraße 15
CH-8002 Zürich
www.rietberg.ch
Das Museum Rietberg zeigt 250 Funde Franck Goddios.

Weitere Museen in Europa

Archäologisches Nationalmuseum Museo Archeologico Nazionale
Piazza Museo Nazionale 19
I-80135 Neapel
www.museoarcheologiconapoli.it (auf ital. und engl.)
Das Archäologische Nationalmuseum gilt als das wichtigste archäologische Museum Europas. Es ist weltberühmt für seine pompejischen Wandmalereien und zeigt viele weitere hervorragend erhaltene Fundstücke aus dem antiken Pompeji.

Kon-Tiki-Museum
Bygdøynesveien 36
NO-0286 Oslo
www.kon-tiki.no
Im Kon-Tiki-Museum sind Objekte von Heyerdahls weltberühmten Expeditionen zu sehen – z. B. das originale *Kon-Tiki*-Floß und das Papyrus-Boot *Ra II*.

Sir John Soane's Museum
13 Lincoln's Inn Fields
GB-London WC2A 3BP
www.soane.org (auf engl.)
Dem Architekten John Soane ist dieses Museum in seinen heute aufwendig restaurierten Townhäusern im Zentrum Londons zu verdanken. Neben zahlreichen Objekten zur Kunst- und Architekturgeschichte ist der von Belzoni entdeckte Alabastersarkophag aus dem Grab Sethos' I. zu bestaunen.

Vatikanische Museen
Viale Vaticano
I-00165 Rom
www.museivaticani.va
Die Vatikanischen Museen beherbergen die päpstlichen Kunstsammlungen und bilden eine der wichtigsten und größten Sammlungen der Welt. Eine der vielen Hauptattraktionen ist die Laokoon-Gruppe.

Register

Silke Vry studierte Klassische Archäologie, Kunstgeschichte und Volkskunde und nahm an mehrjährigen archäologischen Ausgrabungen in Syrien, Jordanien und Deutschland teil. Seit vielen Jahren schreibt die in Hamburg lebende Autorin Bücher über Archäologie und Kunst für junge Erwachsene und Kinder. Mehrere ihrer Bücher wurden ausgezeichnet.

Martin Haake lebt in Berlin und arbeitet seit über 15 Jahren als freier Illustrator. Zu seinem internationalen Kundenstamm zählen die *New York Times*, das *Wall Street Journal, Penguin Books* und Volkswagen. Seine Illustrationen sind preisgekrönt.

3. Auflage 2022
Copyright © 2017 Gerstenberg Verlag, Hildesheim
Alle Rechte vorbehalten
Text: Silke Vry, Hamburg
Einbandgestaltung und Illustrationen: Martin Haake, Berlin
Druck: TBB a.s., Banská Bystrica
Printed in the Slovak Republic

www.gerstenberg-verlag.de

ISBN 978-3-8369-5994-0